CALL-GIRL

Les histoires rapportées dans cet ouvrage sont absolument authentiques.
Toute ressemblance avec des personnes vivantes ou décédées serait due au seul hasard.

Photo de la couverture:
Thierry OM DEBEUR

Maquette de la couverture:
Gilles Cyr, Le Graphicien inc.

Photocomposition et montage:
Les Ateliers SMV Inc.

LES ÉDITIONS QUEBECOR
Une division de Groupe Quebecor Inc.
225, rue Roy est
Montréal, H2W 2N6
Tél.: (514) 282-9600

1982 LES ÉDITIONS QUEBECOR
Dépôt légal 4e trimestre 1982
Bibliothèque nationale du Québec
Bibliothèque nationale du Canada
ISBN 2-89089-188-7

CALL-GIRL

Nathalie B.

EDITIONS
Québecor

Chapitre 1

POUR FAIRE
COMME LES AUTRES

Je me suis longtemps demandé pourquoi les filles qui font la gaffe prenaient la peine d'écrire ce qu'elles appelaient leurs Mémoires. Bien sûr, quand j'ai lu dans un journal que Xaviera, par exemple, avait fait pratiquemment des millions avec ses histoires cochonnes et que, en plus, elle s'était trouvé un emploi pas mal payant pour une revue de fesses, ça m'a fait réfléchir.

Après tout, je ne suis pas plus idiote que Xaviera, même si elle se fait appeler «Madame» (et dans le métier, on sait ce que ça veut dire). Ce n'est pas elle qui se fend en quatre pour faire l'ouvrage, elle gagne son argent sur le dos, ou plutôt sur le ventre, des autres! Et puis, je ne me souviens pas d'avoir vu un livre comme ça écrit par une Québécoise pure laine. Remarquez, vous me direz que le... disons, le sexe, c'est pas mal la même chose d'un pays à l'autre. Mais vous vous mettez un doigt dans l'oeil, mes agneaux. Si vous saviez les différences qu'il y a d'un pays à l'autre. J'en sais quelque chose puisque j'ai travaillé dans plusieurs pays. J'ai eu l'occasion de voyager un peu partout dans le monde, mais ça, je vous le réserve pour une autre fois, un autre bouquin de Mémoires peut-être... En tout cas, si le premier marche bien, pourquoi n'en écrirais-je pas un autre? J'en connais qui en ont écrit je ne sais trop combien comme ça. Après tout, c'était toujours la même histoire: on te trouve «ben kioute», le client est bourré de dollars, sa femme ne le comprend pas, etc... et puis dans le lit.

Mais pour revenir à mes moutons, disons que quand j'ai lu les livres de Xaviera et d'autres, celui de Françaises, et même le rapport d'une enquête faite par deux Québécoises sur la gaffe dans la Belle Province, je me suis dit que les gens aimeraient probablement entendre le point de vue d'une fille d'ici qui connaît les gens d'ici.

Encore une fois, vous me direz qu'avec les clubs de topless, la gaffe, il y a bien du monde qui peut en parler. Mais les danseuses ne sont pas toutes des filles à gaffe, loin de là. Et puis, moi, le genre de clientèle que je connais «à fond» (c'est le cas de le dire), c'est une clientèle pas mal spéciale. C'est celle qui a les moyens de se payer des petites partouses bien particulières. Un gars qui se rend dans un club de topless, qui y trouve une poulette à son goût et qui marche, ne se lancera pas dans des dépenses folles. Il n'est pas millionnaire, lui. Mais ce que les gens ne savent pas, bien souvent, c'est que celui qui est bourré aux as peut toujours se payer tous ses petits caprices. Et c'est là que j'entre en scène, comme on dit. Les petites partouses privées, les petites «attentions» spéciales, c'est mon rayon. Le gros magot aussi, bien entendu. Je ne travaille pas pour la peau! Ça m'est déjà arrivé et ça va m'arriver encore, surtout quand je rencontre un beau mâle qui a tout pour plaire. Mais comme la plupart de ceux que je rencontre sont toujours pleins d'argent, je me demande vraiment pourquoi je ferais gratuitement ce qu'ils sont prêts à payer. Pas folle quand même, la fille!

Alors, pourquoi écrire mes Mémoires, comme on dit,

même si je ne suis pas encore morte, mais en excellente santé? Simplement pour faire comme les autres filles de la gaffe qui ont écrit leurs Mémoires: la piastre!

Pas plus folle qu'une autre. Et puis, je suis bien placée pour savoir que les hommes aiment ça, les histoires cochonnes. Dans ce rayon-là, on peut dire que j'en connais une, et puis une autre. J'en ai vu des vertes, puis des pas mûres, les petits! Sans parler des femmes. Les hommes sont souvent niaiseux, pas pour rire. Ils s'imaginent que les femmes, ça ne les intéresse pas de s'envoyer les jambes en l'air de temps en temps. Je vous en raconterai quelques-unes plus loin qui ne sont pas piquées des vers, je vous le jure! Puis à ce chapitre-là, les Québécoises, peut-être parce qu'elles avaient du rattrapage à faire, on dirait qu'elles se lancent à corps perdu dans n'importe quel lit! D'autant plus qu'elles sont très en demande. N'importe quel bonhomme qui a les yeux en face des trous vous dira que les Québécoises sont parmi les plus belles filles du monde. Personnellement, je vous dirai que les plus belles, ce sont les filles de l'île de Bali, quand elles ont de quinze à vingt ans. Après ça, elles engraissent tellement qu'elles ne sont plus regardables. Tout juste bonnes à marier. Mais c'est chaud ces petites lapines-là. Je vous parlerai peut-être de cette fameuse plage en Australie... et puis non, j'vais garder ça pour une autre fois!

Mais les Québécoises sont parmi les plus belles, et je sais de quoi je parle. Ce n'est pas simplement de la publicité pour vanter ma marchandise...

Mon problème avec mes Mémoires, c'est que je ne suis pas experte dans l'écriture, la littérature. Je suis instruite, je dirais, dans la moyenne. Mes frères me disaient tout le temps que l'école, «ça valait pas l'cul». Ils avaient joliment raison! Mais quand même, à cet âge-là, on n'a pas toujours le choix, ce qui fait que je suis allée à l'école comme tout le monde. Mais ça m'endormait plus qu'autre chose. Il faut dire que les soeurs étaient dans l'plate rare. Et les professeurs que j'ai eus n'étaient pas tellement plus intéressants. J'ai donc «droppé» à la première occasion.

Ce qui fait que si vous trouvez des fautes de style dans mon livre, si vous trouvez que mon français n'est pas assez châtié, bien allez donc vous faire cuire un oeuf. Je ne l'écris pas pour le donner en exemple de bon français aux enfants, mais pour rincer l'oeil de ces messieurs.

C'est assez clair, je pense!

J'avais un autre problème. Je ne savais pas trop comment procéder. Je n'avais pas envie de commencer à vous raconter ma vie depuis que je suis sortie du ventre de ma mère. D'autant plus que jusqu'à ce que je me mette à «travailler», je ne peux pas dire que ça a été une partie bien intéressante de ma vie.

Une copine à moi qui a pas mal d'instruction, elle est même allée à l'université, m'a conseillé d'enregistrer tout ce qui me passait par la tête au fil des journées. Par exemple, si je rencontrais un type pas mal cochon, il me ferait sans doute me ressouvenir d'autres individus que j'avais connus et qui avaient le même style. J'ai trouvé ça pas bête du tout, parce que, après tout, j'ai une bonne mémoire. D'autant plus que, dans ma ligne, il se présente des situations qu'on n'oublie pas de si tôt. Ce qui fait que peut-être mon récit vous paraîtra décousu de temps en temps parce que je saute... comment on dit ça?... ah oui, du coq à l'âne! Ce qui me fait penser à quelques histoires d'animaux... bon, on s'en reparlera plus tard...

Comme je le disais, je me promène de gauche à droite, d'hier à aujourd'hui, au gré des événements et des fantaisies de ma mémoire. Mais quand j'ai relu tout ça, je me suis dit que ça avait quand même pas mal d'allure, d'autant plus que, je ne sais pas si vous êtes comme moi, je déteste ça les livres, les biographies qui racontent détail par détail toute la vie d'un bonhomme ou d'une bonne femme en commençant par la longueur de son cordon ombilical et la diarrhée qu'il a eue quand il avait deux semaines, ou le lait de sa mère qui a tourné et les coliques qui l'ont pogné et qui l'ont marqué pour le reste de ses jours. J'aime mieux connaître les petits détails intimes, les histoires croustillantes sur le bonhomme ou la bonne femme... vous voyez ce que je veux dire?

C'est comme ça que j'ai voulu écrire mes Mémoires. Je ne vous parlerai peut-être pas tellement de moi, parce que, finalement, une fois qu'on m'a décrite, on sait ce dont j'ai l'air. Ce qui est intéressant pour le lecteur c'est tout le monde que j'ai rencontré. Et ça, les amis, vous allez voir que j'en ai connu des pas mal particuliers!

Pour me décrire, disons que je suis blonde. Bien oui, les hommes préfèrent les blondes. Il paraît qu'ils marient les brunes, mais comme je n'ai surtout pas envie de me marier, alors je reste blonde. Blonde naturelle? Les gars qui veulent le savoir n'ont qu'à payer pour me voir la touffe... elle est blonde, en fait. Mais ce qu'ils ne savent pas, c'est que je la teint elle aussi... J'ai vingt-quatre ans, je mesure cinq pieds sept (ne me demandez pas combien ça fait en centimètres, je n'ai jamais rien compris là-dedans). Je pèse... et puis merde, ça ne vous regarde pas! J'ai les yeux pers. Des vrais yeux de chat. Pour le «body», la carrosserie... j'ai tout ce qu'il faut à la bonne place et assez, en tout cas, pour contenter n'importe quel mâle. D'autant plus que je sais m'en servir.

Je suis toujours bien habillée, j'en ai les moyens. Pour le reste, je ne vois pas ce que je pourrais ajouter. Je suis pas mal gourmande et, pour garder ma ligne, je fais beaucoup de sport. Et puis, j'aime les romans d'amour et les films pornos. Ça vous va comme portrait? De toute façon, j'ai vraiment pas idée de ce que vous voulez savoir de plus.

Bon! On commence?

Chapitre 2

UN QUÉBÉCOIS, QU'EST-CE QUE ÇA VAUT DANS LE LIT?

Pourquoi je commence par cette question? Tout simplement parce que c'est celle qui revient le plus souvent quand j'ai des clients québécois. Je ne choisis pas toujours mes clients. Quand quelqu'un est prêt à payer mon prix, je ne fais pas la sainte Nitouche, mais il y en a avec qui j'ai couché une fois que je raye de ma liste à tout jamais. Je vous en ferai connaître quelques-uns dans les chapitres subséquents. En attendant, disons tout simplement que chaque fois que je reçois des Québécois dans le lit, on dirait qu'ils sont obsédés par l'idée d'être les meilleurs. Et quand je dis meilleurs, je veux dire les meilleurs du monde, meilleurs que n'importe qui d'autres. C'est sûr que si je dis au type qu'il est le meilleur que j'aie jamais eu, il est au quatrième ciel, même au septième. C'est ce que j'appelle les relations publiques... ou pubiques! Moi, je suis toujours d'accord avec le client. Comme on dit dans le monde des affaires, le client a toujours raison. Alors, s'il se prend pour le nombril du monde, je lui dis oui tout simplement. D'autant plus qu'en disant comme le client, on s'attire toujours des petites douceurs. Beaucoup de types vont me donner un "vert" de plus en guise de remerciement, en plus du tarif régulier, bien entendu.

Linda et moi nous étions ensemble chez un entrepreneur en construction de Laval. Un gros gars rigolo qui aime bien vivre et qui a les moyens de se payer tout ce qu'il veut. Il n'est pas millionnaire, mais pas loin, et il ne regarde jamais à la dépense quand il veut s'amuser. Je l'ai comme client depuis assez longtemps, deux ans je pense. Linda, elle, est pas mal nouvelle dans la place. C'est Madame qui l'a "importée". Une petite Belge qui s'appelait Christiane, mais Madame R. trouvait ça un peu trop niaiseux, aussi elle s'appelle Linda maintenant! Un nom comme un autre... de toute façon!

Réjean, le gros client en question, nous avait invitées toutes les deux à sa maison. Sa femme était en Europe. Et quand celle-ci part en voyage comme ça, tu peux être certain que Réjean en profite pour enlever ses culottes avec toutes les filles qu'il rencontre, à commencer par ses secrétaires. Vicieux comme lui, j'en ai rarement vu. Tiens, si je vous disais que c'est la règle générale dans son bureau que les secrétaires couchent avec lui au moins une fois. "Je veux essayer n'importe comment...", disait-il une fois pour expliquer sa manière d'entretenir de bonnes «relations» avec les femmes de son bureau. Si une fille lui flanque une claque sur la margoulette, elle vient de perdre sa job, ce n'est pas plus long que ça. Mais Réjean, il faut le connaître, n'est pas un mauvais gars, il a de gros appétits. Il n'est pas capable de voir une paire de fesses à portée de sa main sans la tripoter. Remarquez qu'il sait se tenir à sa place, mais ses employées, c'est comme s'il les avait achetées.

Donc, avec sa bonne femme disparue dans la brume, Réjean m'a téléphoné un mercredi soir. Il est un des rares à avoir mon numéro personnel. Habituellement, je passe par Madame R. De cette façon-là je peux filtrer les clients et ça m'évite pas mal de problèmes. Ce qui ne veut pas dire que je ne "cruise" pas toute seule comme une grande fille, sans sa maman! Mais tous les appels téléphoniques sont faits chez Madame R. Elle a des connections pas mal pesantes et ça lui évite des ennuis que je ne pourrais pas éviter moi-même. Je vous en parlerai plus loin.

Pour en revenir à Réjean, mon gros doudou comme il aime que je l'appelle, il recevait ce soir-là deux gros clients. Des clients qu'il voulait traiter «aux petits oignons» comme il nous avait dit. Lui, il s'était réservé une nouvelle secrétaire qui allait venir nous rejoindre plus tard dans la soirée. Je ne trouvais pas l'idée trop bonne parce qu'on ne sait jamais avec les bonnes femmes *straight* quand elles se retrouvent dans une petite partouse comme ça. Mais Réjean disait qu'elle était bien correcte et que je n'avais pas à me casser la tête. D'autant plus que c'était la blonde à Réjean, alors...

Nous étions installés tous les cinq dans un bain tourbillon, en forme de gros baril, à prendre un drink et à fumer du pot en attendant que la secrétaire de Réjean arrive. Moi et Linda, nous étions toutes nues, histoire de mettre de l'ambiance. Les deux clients avaient l'air un peu niaiseux et ils avaient gardé leur costume de bain. Réjean, ne voulant pas les gêner, avait gardé le sien lui aussi, mais ça ne les empêchait pas de glisser les mains ici et là, surtout que Linda en a une fameuse paire. Toute une laiterie, comme disait Réjean. Mais c'est dodu et ferme, pas mou et traînant, style Africaine qui allaite son dix-huitième bébé!

Les deux gars, appelons-les Pierre et Paul pour simplifier les choses, étaient du même physique que Réjean, dans la quarantaine avancée, bedonnant, le souffle court et la «mailloche» dans la moyenne. Du travail de routine, que je me disais. J'avais d'ailleurs averti Linda. Il ne fallait pas s'attendre à des miracles ce soir-là.

Finalement, la petite blonde excitée de Réjean est arrivée. Elle était pas mal déniaisée: quand elle a vu que nous étions, les deux filles, toutes nues dans le bain, elle a tout enlevé en se dandinant comme une dinde. Ces filles-là, je ne les aime pas tellement, ça nous enlève le pain de la bouche en faisant tout gratuitement. Il ne faut pas mêler le plaisir et les affaires, que je me dis tout le temps, sinon je mourrai sur la paille.

En tout cas... voilà mon Réjean qui enlève son maillot. Il a la pine bien en l'air et un grand sourire qui en dit long sur l'envie qui le travaille. Il dit à sa blonde: «Viens, ma cocotte, mon oncle va te faire jouer à *ti-giddop* sur sa belle petite selle!» L'autre, énervée, part à rire, rouge comme une pivoine. Pendant ce temps-là, je commençais à trouver le temps long d'autant plus que Pierre et Paul buvaient pas mal et j'avais pas envie de me retrouver avec une «pâte molle» dans les mains. Il n'y a rien de plus plate. C'est de l'argent facilement gagné, mais j'aime bien avoir du plaisir quand même...!

Ce qui fait que j'ai pris Paul, le plus près de moi, et je lui demande comme ça: «Dis donc, mon loup, ça ne te donne pas des idées?» Linda, elle, est du type silencieux, mais elle a la main rapide. Comme les magiciens: la main plus vite que l'oeil. Elle ne fait ni un ni deux, et agrippe le bonhomme par les «bijoux de famille». J'ai ri quand j'ai vu celui-ci retenir son souffle comme si c'était la première fois de sa vie qu'il se faisait agripper par le manche. Là, ça l'a dégelé. Mon bonhomme, lui, avait l'air d'avoir tout son plaisir à me tripoter les nichons. Mais il commençait à être gris, et je ne peux pas dire que ça m'excitait tellement. Aussi, histoire de le ramener un peu sur terre, je me suis assise sur lui et en lui saisissant la bitte, hop, à la niche, fido! Il en avait vraiment envie parce que ça n'a pas pris quatre coups qu'il éclatait déjà, les yeux ronds, tout rouge!

C'est ça le problème quand le client boit trop: il est plus capable de rien faire. J'ai donc décidé de sortir du bain avant qu'ils ne s'endorment et j'ai proposé une petite séance de films cochons. Réjean en a toute une collection et sur son écran géant de télévision, ça donne tout un «feeling» de voir des chattes se faire remplir par des gars organisés comme des poteaux de téléphone. Ce n'est pas que ce soit plus agréable qu'une petite qui sait bien travailler, comme j'en parlerai d'ailleurs à un moment donné, mais, au moins, une fille a de quoi à se mettre sous la dent. De la façon dont se déroulaient les choses, nous allions probablement tous les six rester sur notre faim.

Nous nous sommes donc installés dans le living, histoire de nous rincer l'oeil. Les deux clients buvaient encore. Le film montrait un nègre, pris, mais pris... un vrai bâton de baseball. Il avait trois filles à son service. Puis les gars ont commencé à parler des Noirs, si c'était vrai qu'ils étaient «pognés» mieux que les autres, et toutes sortes d'histoires comme ça. À un moment donné, voilà Paul qui se tourne vers moi puis, la voix pâteuse, il me dit, «n'empêche, les filles, que ça vaudra jamais un bon p'tit Québécois!» Client oblige, j'ai dit oui... mais je vous garantis que j'aurais pris le nègre en échange des trois gars qui étaient là ce soir-là.

C'est ça qui me faisait penser à cette fameuse question. Et je me suis dit, comme ça, que j'allais commencer par parler des Québécois pour dire ce qu'ils valaient dans le lit. Ça vous rend nerveux, hein? Il y a de quoi!

Les Québécois, laissez-moi vous le dire, les gars, vous avez rien qu'un problème: vous vous imaginez qu'en buvant du gros gin, du scotch ou de la bière au gallon, ça va vous rendre meilleurs! Bien c'est pas vrai!

La petite partouse chez Réjean, c'était rien qu'un exemple pour vous montrer que trop souvent, dans ces parties-là, les gars boivent comme de vrais soûlots puis, quand vient le temps de passer aux choses sérieuses, ils ne sont même plus capables de la tenir debout. Tu parles si c'est amusant pour une fille d'être pognée avec une guenille entre

17

les jambes. Bien sûr, comme je le disais, on est payé quand même, mais c'est de l'argent facilement gagné en maudit. Puis platement à part ça!

Tiens: un autre exemple qui me revient. J'étais assise au bar d'un hôtel (je ne vous dirai pas lequel, je ne veux pas me faire poursuivre par la direction de l'hôtel, ils sont joliment pointilleux sur la «morale» dans leurs établissements, même si c'est le meilleur terrain de chasse..). Arrive un beau gars, dans la trentaine avancée, bien habillé, style playboy tranquille, pas le type trop «flashé» mais quelque chose de très bien. Moi, j'ai une robe du soir très décolletée devant et derrière et elle est fendue à la chinoise. Assise sur un tabouret de bar, ça en laisse paraître pas mal pour quelqu'un qui veut voir la «marchandise». Il me regarde plusieurs fois du coin de l'oeil et, finalement, se décide à approcher. Habituellement, je préfère laisser le client m'aborder en premier, ça lui fait un petit velours... Mais il y en a qui déchantent quand ils apprennent que j'ai un tarif. Ça les refroidit. Mais dans la majorité des cas, ils passent au «cash» dans tous les sens du mot.

Pour en revenir à mon playboy, il me paie un drink, il me raconte toutes sortes d'histoires, bref, c'est bien visible qu'il veut m'embarquer. Surtout de la façon dont il reluque mes deux nichons tout parfumés, il en a presque la bave à la bouche, le pauvre. Alors je me penche à son oreille et je lui murmure tout simplement que nous serions mieux dans l'intimité de sa chambre... en ajoutant que ça ne sera pas gratuit. Il fait les yeux ronds et reprend la même rengaine: une belle fille comme toi qui fait ça... et blablabla... Mais il fait signe de la tête qu'il accepte et voilà mon idiot qui commande une bouteille de champagne. Je lui dis qu'on peut la boire dans sa chambre, mais il insiste pour continuer la conversation. Moi, je n'aime pas bavarder quand le client a pas encore déposé la monnaie. Je me suis souvent fait jouer des tours comme ça. Le gars me dit qu'il est preneur et puis il se soule la gueule de sorte qu'il oublie complètement que je ne suis pas là simplement pour le tenir par la main pendant qu'il se garroche un quarante onces de boisson derrière la cravate.

Aussi, comme il insiste, je lui dis qu'il doit allonger la monnaie tout de suite. Il fait le grand seigneur et me passe discrètement pas deux, mais trois billets de cent dollars. À ce prix-là, que je me dis, je peux attendre une petite demi-heure de plus... et je lui fais comprendre que ce tarif-là ne m'engage pas pour toute la nuit.

Il en sort deux autres et me demande si j'en ai assez. D'accord que je fais... et le voilà qui se sert généreusement du champagne, en commande une autre bouteille. Je chiale pour la forme parce que le gars me plaît vraiment. Il me raconte sa vie, qu'il vient de Québec, qu'il est en voyage d'affaires, etc... mais il a de plus en plus de misère à parler, à garder son équilibre et, finalement, ça faisait à peine deux heures qu'on s'était mis d'accord, il me demande de le raccompagner à sa chambre. Mais je me rendais compte que j'allais probablement avoir à me ronger les ongles à l'écouter toute la soirée.

Pire que ça. J'avais à peine installé mon pauvre type dans un fauteuil qu'il fermait les yeux, s'installait en boule et s'endormait. Tu parles! J'ai gardé l'argent et j'ai foutu le camp!

Le problème avec les Québécois, c'est pratiquement toujours un problème de boisson. Il doit y avoir un maudit lot de bonnes femmes qui s'ennuient dans leur lit, le soir, dans la Belle Province.

Pourtant, les gars ont des possibilités, mais ils se pensent trop fins. C'est vrai que c'est le problème de pas mal tous les hommes. Il faut toujours les rassurer, leur dire qu'ils sont les meilleurs du monde, les meilleurs qu'on ait jamais eus, etc... Pas possible. Entendez-vous des filles demander ça, vous autres?

Mais quand ils lâchent la bouteille, ils sont capables d'être pas pire du tout. Mais pas toujours. Voici un autre exemple dont je me souviens fort bien.

C'était il y a six mois à peu près. J'étais dans une disco très chic, au bar, à siroter un kir, en attendant de me trouver un client éventuel. Je chassais moi-même ce soir-là, et je n'allais pas attendre toute la soirée de me faire aborder. D'ailleurs, ce n'est pas l'endroit pour ça. Dans les discos, je fais toujours le premier pas.

Il y avait un type que je regardais attentivement depuis un bout de temps. Il était avec une bande d'amis et si ça buvait ferme à cette table, lui, il y allait tranquillement. De ce côté-là, j'étais rassurée. D'autant plus que j'avais eu amplement le temps d'examiner son «physique» et j'avais remarqué qu'il portait à gauche, si vous voyez ce que je veux dire... et qu'il portait un fameux morceau!

Je m'arrange pour qu'il me voie comme il faut et des petites lueurs s'allument dans ses yeux. Il faut dire que ce soir-là, si je me souviens bien, je portais un pantalon très moulant et une blouse transparente. Comme j'ai la devanture pas mal plantureuse et surtout de gros mamelons bruns, c'est pas long que ça «flashe» dans la face d'un gars une paire de nénés pareils! Voilà mon gros morceau tout énervé. Je le vois du coin de l'oeil qui pousse du coude un de ses amis en me montrant de la tête. Clins d'oeil et tout le tralala... Pauvre gars, s'il ne marchait pas, il allait être drôlement déçu.

Mais je me trompais. Il aimait bien mes boules et, peu importe le prix, il avait envie de se mettre le nez dans mes affaires. C'est avec un signe de triomphe qu'il me prit par le bras et m'entraîna à sa suite. Grosse voiture sport, tout le tremblement... Je lui demande s'il préfère son appartement ou le mien... Le sien, qu'il me répond.

Une fois rendus là, il nous sert un verre de scotch, puis il s'assoit près de moi et, tout de suite, sa main droite se met à me caresser les seins. J'aime ça quand un gars prend le temps de me caresser les seins. C'est vrai que, plus souvent qu'autrement, c'est moi qui dois faire tout le travail parce que les hommes aiment ça jouer au pacha, mais il arrive souvent que les clients se permettent de tâter assez long-temps. J'aime ça parce que ça me met encore plus dans l'atmosphère... C'est là que je suis à mon meilleur.

Mais comme je n'ai pas envie qu'il pogne les nerfs et qu'il déchire ma blouse, je l'enlève tout simplement. J'aime ça leur voir la face quand j'enlève ma blouse tranquillement, que je cache mes boules de mes deux mains et que je leur fais une sorte de petit show avant de leur en mettre plein la face. Ça fait traîner le plaisir. D'autant plus que quand le client ne m'a pas tellement réchauffée, ça me permet de m'exciter un peu, de me jouer avec les nichons. Mais lui, il aime ça les grosses boules. Il s'approche de moi, me les prend à pleines mains, doucement, me suce les bouts gentiment en roucou-lant comme un bébé à la tétée!

Moi, j'ai surtout envie de vérifier si le morceau qu'il affiche si généreusement dans son jean moulé est bien réel. Je me suis fait jouer de fameux tours comme ça. Une fois, j'en ai pogné un qui se mettait un truc en tissu dans sa culotte, histoire d'impressionner le monde avec sa grosse bosse... Il n'y avait pas grand-chose là! J'ai été joliment déçue cette fois-là, mais je n'allais quand même pas le laisser paraître. Au contraire, j'ai dit au gars: «J'aime bien mieux les p'tites, les grosses ça fait trop mal...» Tu parles. Il buvait mes paroles comme de l'eau bénite à Rome par le pape lui-même.

Mais lui, mon gars de la disco, il en avait une vraie. Un gros morceau. À vous avait dans les trois pouces de diamètre et, à pleine longueur, ça faisait facilement les neuf pouces à vue... de nez, si vous me permettez l'expression!

Pendant qu'il s'occupait de mes nichons, moi j'en avais

plein les mains de ce magnifique morceau de mâle et je me promettais de m'envoyer en l'air une couple de fois, histoire de faire un petit spécial en ma faveur, pour me faire plaisir (on ne peut pas dire que ça m'arrive souvent de faire un spécial, alors cette fois-là, je voulais me payer un petit extra).

Rapidement, nous nous retrouvons nus comme à notre naissance. Lui, il en tremble de la tête aux pieds de me voir me tortiller devant lui, histoire de l'exciter davantage. Son morceau est droit comme une barre de fer et j'en ai l'eau à la bouche. Évidemment, je passe sur les détails trop cochons pour vos chastes yeux et... nous nous retrouvons à l'horizontale. J'étais remplie jusqu'aux oreilles et je sentais que j'allais éclater s'il la laissait là trop longtemps, mais c'était ce que je voulais: m'en mettre jusqu'aux oreilles, que ça me déborde par les narines!

Mais voilà: ça a pris à peu près cinq minutes, puis voilà mon magnifique morceau qui éclate et puis bang! ça se ramollit comme un vieux linge à vaisselle. Moi qui commençais tout juste à me réchauffer vraiment! J'ai failli me mettre à hurler. Lui, il avait l'air tout heureux. Il l'était peut-être, mais moi...? Alors je le prends dans ma bouche, je le tripote, j'essaie tous les trucs que je connais... Merde! Si je m'étais seulement doutée... Puis, lentement, il reprend ses forces et, au bout d'une quinzaine de minutes, il est encore tout prêt à l'action. Je le pousse sur le dos et cette fois, mon p'tit gars, c'est maman qui prend les choses en main. J'aimais ça: je me tortillais de manière à le sentir partout en moi, qui me frappait jusqu'au fond, c'était merveilleux... Mais il ne tenait pas le coup... Dix minutes, ce fut tout! Puis ensuite, pour lui faire retrouver sa vigueur, ça m'aurait pris toute la nuit. J'en aurais pleuré...

Pour vous dire qu'il ne faut jamais se fier aux apparences et que si certains ne touchent pas trop à la boisson, ils ne remplissent pas leurs... promesses!

Mais ce n'est pas général. Je crois que c'est purement physique. Passé un certain âge, un mâle n'est pas capable de venir deux ou trois fois de suite sans ramollir. Les jeunes sont capables de faire ça, mais après trente ans, c'est foutu. Mais, bien sûr, l'expérience donne d'autres avantages. Les jeunes ne prennent jamais le temps de caresser une fille. Eux, tout ce qu'ils demandent, c'est de la mettre dedans et le plus vite possible. C'est agréable d'une certaine façon, mais pas toujours... Plus vieux, un type qui accepte sa situation peut se rabattre sur les caresses, les préliminaires comme on dit d'habitude. Ça, une fille aime bien ça et même s'il ne peut pas la remplir toute la nuit, au moins elle a du plaisir autrement...

Mais on dirait que les Québécois ne sont pas capables d'accepter ça. Ils essaient de se prouver, surtout à eux-mêmes, qu'ils sont encore capables de faire l'amour toute la nuit et de remplir la fille jusqu'à ce qu'elle tombe sans connaissance. Ce n'est malheureusement pas vrai. Il ne faut pas se surprendre dans ces conditions qu'ils aient toujours la même question à la bouche: comment est-ce que je suis? Les Québécois sont les meilleurs, pas vrai? Etc...

Pour vous dire franchement, je ne suis pas capable de répondre à cette question. Il y a des Québécois qui sont très bons, d'autres qui sont minables, et beaucoup sont dans la moyenne, mais c'est comme partout ailleurs. Leur seul gros problème c'est qu'ils pensent se donner plus de force et arriver à la tenir en l'air plus longtemps en s'envoyant un gallon d'alcool dans le gosier. Ils se trompent.

Et puis, comme je le disais, j'en ai rencontré qui avaient vraiment le tour. Pas niaiseux pour deux sous, même s'ils étaient avec une fille payée «pour ça», ils aimaient bien en profiter. Ce qui m'amène à vous parler un peu de Marcel.

Marcel avait l'air de rien! Vous allez peut-être rire mais c'est vrai, c'est comme ça. Il y avait eu un congrès politique à

Montréal cette année-là, je ne me souviens plus quand. Marcel en était un des organisateurs. Ne me demandez pas quel parti politique, d'ailleurs ça n'a pas d'importance, les hommes sont toujours des hommes, peu importe leur couleur politique.

À l'hôtel, ce soir-là, voilà mon Marcel, tout croche, presque gêné, qui s'approche de moi. On finit par s'entendre et il me donne sa clé de chambre. Je commande une bouteille de champagne et je monte.

Une demi-heure après, il arrive, tout souriant, tout pimpant. Moi, je le voyais comme un client parmi bien d'autres, mais je vous jure que maintenant, quand j'entends sa voix au téléphone, j'ai le coeur qui fait des «free games» comme on dit. Ce gars-là vous avait un doigté pas ordinaire. Vraiment, il n'y a qu'une femme pour être plus doux que ça. Mais ce n'était pas une tapette, pas une miette. Il n'était pas particulièrement bien pris, disons dans la moyenne, mais il savait s'en servir et, surtout, il n'essayait pas de prouver quoi que ce soit. Lui, il aimait avoir du plaisir et il savait ce qu'il aimait.

Parle-moi de ça!

D'ailleurs, en partant, il m'avait dit, comme ça, que je l'excitais terriblement et que, pour avoir plus d'agrément, je devrais lui faire un petit «spécial». Il m'avait payé le tarif pleine nuit, alors je pouvais lui faire tous les spéciaux dont il avait envie. Il avait sa petite idée derrière la tête, bien sûr... Il voulait pouvoir prendre son temps. Alors je le prends dans ma bouche pendant qu'il est étendu sur le divan, les yeux fermés, un sourire ravi aux lèvres.

Puis, il se relève, me prend dans ses bras, m'embrasse profondément, longtemps. J'étais un peu surprise parce que, d'habitude, les clients ont peur de m'embrasser. Ils s'imaginent que je traîne toutes sortes de microbes, je crois. Bref, Marcel est du genre à prendre son temps... et pendant qu'il

24

m'embrasse comme ça, il me déshabille, me caresse, tout doucement.

Il me prend dans ses bras, me dépose sur le lit et se met à me baiser partout sur le corps. «Détends-toi, relaxe!» qu'il me dit pendant que sa langue me chatouille partout, me force à ouvrir les jambes et plonge en moi. Ça, c'est une autre affaire que les hommes ne me font pas souvent parce qu'ils ont peur d'attraper des maladies. Les niaiseux. Ils attraperaient la maladie de toute façon puisqu'ils font l'amour avec moi. Mais il y en a qui ont de ces scrupules...

Mais Marcel n'avait pas de tels scrupules et il voulait en avoir pour son argent. Il me caressait partout, me faisait jouir avec ses doigts, avec sa bouche, et puis il est allé chercher un gros vibrateur dans sa valise et a commencé à s'amuser avec ça. Moi, les vibrateurs, je n'aime pas tellement. J'aime mieux quand c'est fait en chair et en os, mais tous les goûts sont dans la nature.

De temps en temps, il s'approchait de ma bouche et me la donnait à baiser un petit peu, se la frottait à mes seins, me chatouillait le «clit» un petit peu, puis me laissait le caresser de mes mains. On faisait soixante-neuf, on roulait ensemble dans le lit, il me prenait en avant, en arrière, sur le côté, bref, il faisait tout ce qui lui passait par la tête. Il n'était pas gêné de dire qu'il était trop excité et d'attendre un petit peu. Il me demandait de lui faire un «squeeze» pour le calmer un peu et même de me servir du truc du cube de glace pour lui rafraîchir les esprits.

Ils sont rares en maudit les gars qui font ça ou qui demandent des choses pareilles. D'habitude ils s'imaginent que s'ils ne sont plus capables, c'est de la faute de la fille. En tout cas, le lendemain matin, j'ai donné mon numéro de téléphone à Marcel en lui disant que quand il en aurait envie, je serais toujours là pour lui...

Nous nous revoyons d'ailleurs régulièrement et j'ai

toujours énormément de plaisir avec lui. Il faut dire que j'aime beaucoup sa manière de faire l'amour et que je me permets avec lui des choses que je ne me permets pas avec tous les clients. Faire l'amour dans l'anus, par exemple. S'il fallait que je dise oui chaque fois, je serais obligée de porter un kotex en avant et en arrière.

Il y en a beaucoup d'autres comme Marcel qui se donnent la peine de se faire plaisir. Non, vraiment, je ne comprends pas tellement les hommes qui nous paient. Ils se dépêchent et disparaissent après dans la brume. Ils pourraient en profiter un peu plus, il me semble. En tout cas, moi, si j'étais un homme...

Pour en revenir à Réjean, à Pierre et Paul, j'ai nul besoin de vous dire que la soirée a été pas mal plate. Évidemment, Linda et moi, nous avons fait tout «l'ouvrage», ce qui veut dire les exciter avec les mains, la bouche, en leur faisant un petit show de lesbiennes, toutes sortes d'histoires du même genre. Mais les gars buvaient beaucoup trop. Même Réjean, qui d'habitude préfère les femmes à la boisson, avait les yeux dans la «graisse de bine», comme disait ma grand-mère.

La petite secrétaire était pas mal roulée. Elle avait de jolis petits seins pointus avec des mamelons roses, très gros d'ailleurs, qui étaient continuellement gonflés. Elle avait l'air joliment vicieuse. Réjean a trouvé ça très drôle quand Linda et moi avons décidé de lui raser la touffe, histoire de voir de quoi elle aurait l'air ainsi. C'est le seul moment digne de mention de toute cette soirée-là. Les trois gars ont voulu l'avoir. De voir la chatte toute rasée avec les lèvres bien en évidence, ça les a réveillés... bien raides. Il fallait voir les trois bittes tendues. Un peu plus et ils se mettaient en rang pour la sauter, comme dans l'armée ou dans un bordel.

Quand les deux clients se sont endormis, Réjean nous a payées, Linda et moi, en nous disant que nous avions été merveilleuses. Heureusement, il paie bien, sans ça...

Linda et moi avions le feu quelque part... Nous avons finalement décidé d'aller nous satisfaire chez moi. Au moins, nous ne resterions pas sur notre appétit.

Ce qui m'amène, d'ailleurs, à vous parler des Québécoises qui, elles, contrairement aux Québécois, aiment beaucoup mieux coucher que boire... et pour ça, elles savent comment s'y prendre.

Chapitre 3

ET LES QUÉBÉCOISES?
DRÔLEMENT VICIEUSES!

J'habite un appartement très luxueux dans un immeuble de la rue Sherbrooke. C'est vraiment bien. J'aime m'entourer de luxe. Et puis, comme j'en ai les moyens, je me permets toutes mes petites fantaisies. Après tout, je gagne mon argent assez durement que je peux bien m'accorder quelques petites douceurs de temps à autre.

En fait de douceur, Linda et moi allions nous en payer ce soir-là. C'est drôle, mais la plupart des hommes pensent que les professionnelles n'aiment que les hommes. Tu parles! D'autant plus que, je vous en ai glissé un mot, ils ne sont pas toujours aussi bons qu'ils le prétendent, alors...

Après une soirée comme celle que nous avions passée chez le gros Réjean, qu'est-ce que vous croyez qu'une fille va faire? Elle a été bien réchauffée, bien excitée et il n'y a pas un seul mâle sur place pour la satisfaire... Entre nous, vous trouvez ça juste?

Bien moi, je ne me gêne certainement pas. Et comme Linda comprend fort bien ce genre de problème, nous n'allions pas rater une telle occasion. Il y a bien des méthodes de se soulager et, personnellement, quand je suis avec une copine à la fin d'une soirée plate, nous savons ce qu'il nous reste à faire. Deux professionnelles ensemble, dans le même lit, vous pensez qu'elles ne sont pas capables de se satisfaire? Ça prend bien des hommes pour penser ça. Allons donc! Non seulement elles connaissent tous les trucs du métier mais, entre femmes, on sait bien mieux qu'avec un homme ce qu'il faut faire pour se rassasier. Et puis, je ne suis sans doute pas la première à vous le dire, mais il y a beaucoup de professionnelles qui aiment ça coucher avec une copine de temps en temps. C'est ce que j'appelle me payer des petites vacances. Les hommes, on vient qu'on en a par-dessus la tête. Ça nous sort par les oreilles, alors... quoi de mieux pour se changer les idées que de passer une semaine avec une copine ou deux... entre femmes?

Remarquez qu'il y a des filles, même chez les professionnelles, qui ne sont pas capables d'endurer ça. Je ne comprends pas pourquoi, parce que moi et des tas d'autres filles que je connais, et pas seulement des filles de gaffe, aimons bien ça de temps en temps. On vient qu'on en a par-dessus la tête de s'ouvrir les jambes et de ne jamais se faire faire les petites minoucheries qu'on a envie de goûter. Linda, elle, aime bien ça faire minette, comme on dit. Et moi, il n'y a rien qui me détend plus que de sentir une petite langue vorace qui me fouille un peu partout... Je peux avoir des orgasmes à la pelle quand une fille me fait ça... alors, quand l'occasion se présente.

Bien oui, je vous disais qu'il y a énormément de Québécoises qui aiment bien ça de temps en temps s'envoyer les jambes en l'air avec une autre fille. Je ne parle pas ici des lesbiennes pure laine. Celles-là, bien sûr qu'elles ne laissent pas les hommes les toucher. C'est tout juste si elles acceptent qu'ils les regardent, mais je parle tout simplement des tas de filles qui sont aux deux. Pourquoi cracher sur des petits plaisirs qui sont tellement agréables?

Il faut dire que, de façon générale, les Québécoises,

sont joliment déniaisées. Il suffit de s'installer à une terrasse de la rue Saint-Denis pour voir passer ces belles boules. Des petits T-shirts moulants, puis de beaux mamelons qui crèvent ces petits chandails. Vous devriez voir les mâles: ils en bavent dans leur verre de bière. Je me souviens d'une, entre autres, qui vous avait une paire de nénés à vous assommer si elle vous en donnait seulement un coup en pleine face. La fille avait un T-shirt blanc et serré, tellement ajusté que je me demandais comment elle faisait pour respirer. Un vrai corset. Mais des tétons... Oh! la! la! je ne vous dis que ça. Elle avait des mamelons de négresse, des trucs d'un pouce de long, puis gros... C'était la révolution dans le bar. J'ai dû crier après le waiter pour qu'il vienne me servir, ça faisait quatre fois que je l'appelais. Les gars en avaient les yeux sortis de la tête.

C'est bien évident qu'une fille, quand elle étale la marchandise de cette façon-là, ce n'est pas simplement pour le plaisir de se faire regarder, mais elle est en chasse. Et elle ne devait certainement pas avoir de problèmes à se trouver des volontaires pour tâter cette jolie marchandise.

C'est vrai que, parfois aussi, il y a les danseuses du club de topless du coin de la rue qui se baladent dans des tenues pas mal... révélatrices. Mais il y a beaucoup de jeunes qui aiment bien ça se faire lorgner les rondeurs et qui ne se gênent pas du tout pour en mettre plein la vue aux voyeurs du coin.

Tout ça pour vous dire que les Québécoises, les jeunes et puis, oui, les moins jeunes aussi, ne sont pas barrées à quarante. Moi qui vous parle, j'ai souvent eu l'occasion d'en voir, tiens, comme la secrétaire de Réjean, qui n'hésitent pas à s'envoyer un homme quand elles ont l'occasion de le faire... et même deux hommes ou une autre fille. Ça dépend des circonstances. Une fois, l'an dernier je crois, de toute façon ça n'a pas tellement d'importance... j'avais accompagné un bonhomme quelconque à un party chez ses amis. Il voulait les épater en arrivant avec une belle fille d'autant plus qu'il avait envie de s'envoyer la «belle fille» après la soirée. C'était à Outremont, si je me souviens bien, une belle maison avec piscine à l'arrière. Ça faisait tout juste une heure que nous étions là à siroter un dry martini quand ça se met à crier dans la cour... Il faisait noir et on voyait mal, mais je m'approche et, dans la piscine, flambant nus, trois couples se couraillaient avec des intentions pas mal évidentes. Un des gars, surtout, qui aurait pu passer pour un requin si seulement il avait voulu nager sur le dos!!!

Ça s'annonçait pas mal chaud comme party. Moi, de toute façon, je n'ai rien contre ça. Mon «chum» de la soirée m'appela dans un coin. Il voulait montrer à deux de ses amis la belle paire que j'avais. Les deux gars étaient accompagnés. Jusqu'à ce moment, je pensais que les filles qui étaient là étaient des professionnelles comme moi, mais quand mon «chum» m'a dit que c'était des «légitimes», j'ai failli mourir de rire. Tu parles... elles avaient un verre dans le nez et ça s'enlevait les caleçons comme si elles avaient des charbons ardents entre les cuisses.

Le plus drôle, c'est quand mon compagnon m'a demandé d'enlever mon chandail pour leur montrer mes beaux nénés. Une des filles est devenue rouge comme une pivoine puis, m'a demandé, comme ça; «On peut toucher?»

«En douceur» que je réponds... et elle me lance un de ces coups d'oeil pour me faire comprendre qu'elle mourait d'envie de ne pas me faire... mal, si vous comprenez ce que je veux dire. Elle me caressait les nichons avec un doigté qui me faisait comprendre que ce n'était pas la première paire qu'elle minouchait comme ça. Mais les gars n'avaient pas envie de jouer aux voyeurs ce soir-là. Mon ami leur dit: «Si ça continue comme ça, nous n'aurons rien d'autre à faire qu'à aller nous passer un «solo» dans les toilettes...». Sur ce, les deux autres ont commencé à chialer et la fille m'a lâché les nénés. Avec beaucoup de regret, je dois dire. De ma part également parce qu'elle avait vraiment du doigté cette bonne femme-là. Son mari avait l'air tout fier de ses talents. En tout cas, si elle lui minouchait la bitte avec autant de doigté, je comprends qu'il devait être très heureux. J'avais envie de l'inviter à venir me rencontrer plus tard dans la soirée pour échanger nos... points de vue sur la question, mais nous ne nous sommes pas revues.

Le party n'était pas trop pire. Mais, malheureusement, les gens préféraient faire leurs petites affaires par couples dans les chambres. Moi, j'avais envie qu'on s'envoie tous en l'air ensemble, là, en plein milieu du salon. Faire un concours de la plus longue, la plus grosse, la chatte la plus belle, des histoires comme ça, mais ils n'avaient pas envie de ça. Les hommes sont drôles parfois. Quand les filles sont prêtes à s'envoyer en l'air en groupe, on dirait qu'ils ont peur et se mettent à parler politique ou finance. Tu parles!

Mais j'en ai fait souvent l'expérience, les Québécoises ne se laissent pas toujours mener par le bout du nez. J'ai eu plusieurs aventures où la fille jouait un rôle très dominateur et où les gars courbaient l'échine, je vous en passe un papier.

Une fois, je revenais de New York et je voulais prendre quelques jours de congé quand Madame R. me téléphone. Elle avait un couple très spécial qui voulait une blonde pas barrée du tout pour une séance de flagellation. Mais juste pour faire semblant. Madame R. me jure qu'il n'y a pas de danger, qu'elle a ce couple-là comme client depuis pas mal longtemps et tout ce qu'ils veulent, c'est se déguiser, faire semblant, quoi... Mais ils veulent varier leurs partenaires. Bon, que je lui dis, s'il n'y a pas de danger... parce que je ne tiens pas à me promener sur la rue avec des zébrures partout sur le corps. Ça s'est vu souvent des malades dans ce genre-là. Mais si Madame R. me donne sa parole, je sais que je peux lui faire confiance.

Je me rends donc à l'adresse indiquée, dans un quartier très chic de la ville (je ne vous dirai pas lequel, je ne suis quand même pas pour commencer à vous donner les adresses de mes clients). Je sonne et c'est une petite bonne de race noire qui vient m'ouvrir. Très jolie d'ailleurs. Elle me zyeute de la tête aux pieds comme si elle m'avait commandée pour elle. Puis, avec un grand sourire, elle me fait entrer et me fait signe de la suivre. On monte à l'étage. Elle ouvre une porte et me pousse pratiquement dans une très grande pièce qui ressemble à une chapelle. Oui, je vous jure. Il y avait là, en plein centre, comme une sorte d'autel avec des candélabres et tout le tremblement. Je ne me sentais pas tellement à l'aise.

Une bonne femme arrive par une autre porte. Elle est habillée d'une robe de chambre noire attachée au cou. C'est comme rien, me dis-je, ça ne doit pas être pour elle que je suis là. Je me mettais un doigt dans l'oeil joliment... Elle me demande de me déshabiller. Je suis un peu surprise, je n'ai pas l'habitude d'être examinée sur toutes les coutures comme un morceau de boeuf. Mais... le client a toujours raison, alors...

Toute nue? que je lui demande. Elle me répond par un geste qui me fait comprendre que c'est pas mes bas-culottes qu'elle a envie d'examiner. Bon, alors... je me mets à poil et elle me regarde attentivement, me fait tourner, me fait ouvrir les jambes, me caresses un peu les mamelons, histoire de voir s'ils sont à son goût, j'imagine. Puis, elle me fait signe que c'est correct et là, elle me donne une grande chemise de nuit toute blanche. «Mettez ça» qu'elle me dit.

Une manie? Peut-être. J'ai l'air d'une collégienne avec ça sur le dos. Ça me rappelle quand j'étais petite fille. Puis, elle me fait signe de la suivre et elle m'enferme dans une petite chambre avec un petit lit de collégienne. Je me demande ce qui va se passer quand la porte s'ouvre et je vois ma bonne femme qui entre, un fouet à la main, en traînant par une laisse un bonhomme qui marche à quatre pattes! Tu parles. Elle, elle a enlevé sa robe de chambre et elle porte une sorte de corset en cuir qui lui retrousse les seins et qui s'arrête à ses hanches. Elle porte une culotte de cuir fendue entre les jambes. Son sexe est complètement rasé.

Ça me donne un coup de les voir dans cet attirail. J'avoue même, en y pensant bien maintenant, que ça me faisait peur un peu. La bonne femme se met à donner des coups de cravache sur le dos du bonhomme qui pleurniche, la supplie, tout le tralala... Elle lui ordonne de s'approcher de moi. Je commence à comprendre que je dois jouer le jeu. Le bonhomme s'approche, toujours à quatre pattes, tandis que la bonne femme me dit: «Regardez le joli toutou que je vous ai apporté, n'est-ce pas qu'il est gentil?» et toutes sortes d'histoires du même genre. Le «toutou» en question me lèche les pieds. Oui, les pieds. Je suis un peu surprise. Et quand la bonne femme me voit sursauter, elle se met à taper sur le «toutou» en disant: «Il a fait peur à la jolie demoiselle, le vilain toutou.» Je me demandais si j'étais pas tombée dans une maison de capotés...

Le toutou recommence à me lécher les pieds, les jambes. Puis sa «maîtresse» me dit comme ça: «Je jurerais que vous avez envie de vous amuser avec ce charmant toutou-là, n'est-ce pas, mademoiselle?» Comme je ne réponds pas, de toute façon je ne sais vraiment pas quoi répondre, elle s'approche de moi et, me menaçant de son fouet, elle s'agenouille au bord du lit et me dit: «Puisque vous ne voulez pas être gentille avec le toutou, je vous ordonne de vous mettre à quatre pattes et de me lécher le sexe...» J'avoue que j'ai un brin peur... on ne sait jamais, n'est-ce pas? Aussi, je n'ai pas envie de contrecarrer ses lubies; je me mets à quatre pattes sur le lit et passe la langue sur son sexe rasé. Elle a un clitoris très gros qui se tend comme un tout petit pénis. Je trouve ça amusant... elle aussi, je dois dire. Et elle reprend: «Regarde, gentil toutou, regarde ce qu'il faut faire pour faire plaisir à sa maîtresse.» Le toutou s'approche et se met lui aussi à lui lécher le sexe, mais elle le repousse brutalement du pied en hurlant: «Non, je ne vous ai pas donné la permission. Auparavant, vous allez pratiquer...» Bon, je commence à comprendre que c'est moi qui va servir de mannequin d'exercice... mais je me trompe. Quand la bonne femme dit ça, voilà la petite bonne qui entre dans la pièce, vêtue d'un mouchoir qu'elle tenait à la main, comme on pourrait dire, et j'avoue que je la trouve très belle cette mignonne négresse. Très bien faite, pas très développée, mais juste assez pour avoir bien du plaisir. Le gars, le toutou je veux dire, a les yeux qui lui sortent des orbites. La langue pendante, il a une érection qui me fait voir qu'il a un machin de dimensions restreintes. La «maîtresse» m'ordonne de me coucher sur le dos et elle s'accroupit sur mon visage. Bon, ça je comprends... Pendant ce temps, j'imagine que le toutou pratique à faire minette sur la jeune Noire. En tout cas, les soupirs que j'entends me font comprendre qu'ils ont bien du plaisir... Puis, la maîtresse se relève et fait signe à la Noire de se coucher près de moi. Celle-ci, ça ne doit pas être la première fois qu'elle est mise à contribution dans cette petite pièce de théâtre érotique, commence à me déshabiller, à me baiser partout sur le corps, elle m'ouvre les cuisses, ouvre mon sexe et commence à m'échauffer sérieusement. Je sens une langue qui monte sur une de mes jambes. Ce doit être le toutou, que je me dis et je laisse faire pendant que la Noire me plonge la langue dans la bouche. Joliment vicieuse cette petite-là.

Je ne vais quand même pas vous raconter tout ce qui s'est passé ce soir-là, je n'en aurais pas assez de tout le livre. Je voulais simplement vous donner un exemple qu'il ne faut jamais se fier aux apparences avec les Québécoises. Cette bonne femme-là, vous l'auriez rencontrée sur la rue que vous n'auriez jamais pensé qu'elle s'amusait à jouer au toutou le soir avec sa bonne et une professionnelle.

Des exemples, je pourrais en ajouter beaucoup d'autres. Comme cette femme dans la quarantaine qui voulait que je montre à son amant comment s'y prendre pour bien caresser une femme. Il est très féquent aussi qu'on soit payée par une femme pour montrer à un petit jeune comment faire l'amour. Ou bien pour lui payer un petit «spécial» qu'elle ne veut pas lui faire...

Il arrive très souvent aussi qu'on nous paie pour des shows de lesbiennes. Mais si les femmes le font parfois, ce sont surtout les hommes qui aiment ça... Ça les excite drôlement de voir deux filles se manger la chatte et se faire des mamours. Ils adorent ça quand une fille s'attache un dildo aux hanches et qu'elle fait semblant d'être un homme qui prend l'autre fille. Je ne sais pas à quoi ça rime cette manie-là, d'autant plus que moi, les vibrateurs, j'aime ça sur le clitoris. Dans le sexe, ça me donne pas tellement de plaisir. Une idée, j'imagine.

Une fois, j'ai eu une aventure assez bizarre. Pas dans le sens de pervers ou de maniaque, non. J'avais été «invitée» pour une nuit dans une maison sur la rive sud. J'arrive là et j'y suis reçue par trois filles et un gars. J'avoue que je ne comprends pas tellement sur le coup. Trois filles, et le gars en veut une quatrième? Il veut sans doute nous faire jouer au bridge?

De toute façon, quand on allonge les billets verts, moi, je ne discute pas. Mais l'histoire est tout autre. Ce sont les filles qui veulent faire un cadeau d'anniversaire au gars. Et elles me paient pour lui donner tout ce qu'il veut... mais là, je dis tout de suite en partant que je ne suis pas preneuse pour «la porte d'en arrière». Je connais des filles qui se spécialisent là-dedans, pas moi. D'autant plus que je n'aime pas ça.

Elles me rassurent. Il y en a une des trois qui accepte cette pratique et, si le gars en veut, un derrière ou un autre, ça ne fait pas beaucoup de différence qu'elles disent. N'allez jamais dire ça à Corinne, une de mes amies qui se spécialise là-dedans, elle va vous envoyer au diable... Il paraît que ça prend beaucoup de «talent» pour arriver à donner un bon «traitement» à l'amateur de ce genre de plaisir. De toute façon, moi, ce que j'en dis....

Bon! Les filles m'emmènent dans une chambre au centre de laquelle il y a un lit rond. Le gars s'étend sur le dos et c'est à mon tour à jouer. Les trois filles s'installent autour du lit comme si elles étaient au cinéma. J'avoue que même si je suis une professionnelle, ça me gêne d'avoir tant de spectateurs à la fois. Je ne sais pas pourquoi... ça ne m'empêche pas de faire mon boulot, mais ça me met toujours un peu mal à l'aise. Mettez ça sur le compte de la vanité féminine. De voir d'autres filles me regarder travailler un bonhomme, c'est comme si j'étais devant des juges qui commentent chacun de mes gestes. Je trouve ça tout simplement fatigant.

Mais j'avoue que les choses n'ont pas traîné et que les

37

filles se sont mises à poil à leur tour et qu'on a fini toute la bande dans le lit. Le gars, lui, il avait la pine joliment étrennée cette nuit-là. Il a fini par tomber complètement endormi et les filles se sont finies entre elles. J'ai eu beaucoup de plaisir. Le gars en a eu pour son argent et je me demande même s'il est pas resté un peu maboul après ça. Quatre filles qui s'acharnent à vous soutirer la plus petite goutte de jus, ça a de quoi vous épuiser un bonhomme pour un bout de temps.

Les pires voyeuses, ce sont les bonnes femmes qui approchent la soixantaine. Je ne sais pas si c'est parce qu'elles prennent de l'âge, mais les copines m'en racontent souvent à propos de vieilles qui aiment ça regarder une jolie fille faire l'amour avec un beau gars bien pris.

Voulez-vous un fait? C'est un peu comme l'histoire que je viens de vous raconter, mais elle est quand même un peu plus spéciale. C'était l'été dernier. Les affaires étaient tranquilles, on était en plein milieu des vacances quand Madame R. me refile un client.

C'est encore une fois en banlieue, sur la rive sud. Arrivée à l'adresse qu'elle m'avait donnée, je vois une couple d'autos stationnées dans l'entrée. J'ai comme la bizarre impression que je me suis trompée d'endroit, mais je vais voir quand même. La maison est luxueuse, comme une maison bourgeoise dans les villes-dortoir de banlieue. Je sonne, une femme dans la quarantaine vient me répondre. Par-dessus son épaule, je vois qu'elles sont sept ou huit dans le salon à boire et à grignoter. «Un club de bridge» que je me dis, certaine cette fois de m'être trompée d'adresse. Je dis à la dame que je suis envoyée par Madame R. et, ô surprise, c'est la bonne adresse! Tu parles!

Ces dames ont l'air de m'attendre avec impatience puisque je suis à peine entrée qu'elles me demandent de «commencer». Commencer quoi? leur dis-je. Et on m'explique la chose... Un petit spectacle intime pour ces dames qui veulent profiter de cette occasion... Je ne comprends pas très bien, et alors elles me font voir deux jeunes marlous dans la vingtaine qui attendent patiemment dans la cuisine. Ah bon, tout s'éclaire! Ces dames veulent un spectacle cochon... ça devient clair comme de l'eau de roche, maintenant!

Mais de les voir impatientes et tout excitées, ça me fait tout drôle. Qui aurait jamais cru que ces bourgeoises qui doivent certainement passer pour des dames très respectables se permettent de telles «petites choses». Ce qui vous montre qu'on peut perdre ses illusions rapidemant quand on choisit un bon métier.

Le scénario était simple. Les gars m'accostent, me font la cour, m'entraînent avec eux et là, tous les trois, on se lance à corps perdu dans une orgie. Je ne dis pas non, les gars sont jolis et j'ai envie de leur en donner pour leur argent à ces «dames de sainte Anne».

Quand les gars me déshabillent, je constate aux bosses généreuses de leur pantalon qu'ils aiment bien ce qu'ils voient. Je suis en forme ce jour-là et j'ai envie d'avoir du plaisir, alors j'y vais en quatrième vitesse. Une main ici qui glisse sur un pantalon bien boursouflé, un baiser langoureux à l'autre pendant qu'il m'enlève mon soutien-gorge puis se met à me caresser les nichons. J'entends les dames qui pouffent de rire, comme des poules tout excitées à l'approche d'un gros coq bien garni!

Je me retrouve vite allongée sur le dos, les jambes généreusement ouvertes. Des doigts me fouillent très profondément pendant que je vois un gros morceau qui se tient bien droit au-dessus de mon visage. J'entends des déclics d'appareils-photos. D'habitude je ne veux pas qu'on photographie. On ne sait jamais dans quelles mains ça va se retrouver, mais cette fois-là, je ne dis rien. Je suis tranquille, ces bonnes femmes-là vont simplement s'en servir pour agrémenter leurs soirées de «bridge» ou de «solitaire».

Les deux gars sont bien membrés et ont envie de se régaler de mes rondeurs. Je ne veux pas les décevoir. J'en prends un dans la bouche, je m'amuse à l'exciter au possible, mais j'arrête toujours juste avant... L'autre me minouche l'entre-jambes de son membre dodu quand je décide de passer à une première bordée et je me mets à quatre pattes. J'en prends un dans ma bouche et l'autre ne perd pas de temps à m'agripper par les hanches et il m'enfile par derrière.

Ces dames en ont le souffle coupé, elles s'approchent. J'ai l'impression qu'elles sont quatre ou cinq à me souffler entre les cuisses tellement elles observent attentivement le déroulement de l'action. Une odeur de sexe flotte dans l'appartement que c'en n'est pas possible. J'imagine, sans le voir, qu'il doit y avoir des tas de doigts très collés et très occupés...

J'en ai eu une autre, peintre celle-là, qui me payait uniquement pour faire mon portrait... Évidemment, elle avait son idée derrière la tête. Je posais pour elle, toute nue, assise dans un fauteuil, les jambes largement écartées, la chatte bien en vue et bien étalée. Elle commençait par faire semblant de peindre pendant une couple de minutes puis elle s'approchait de moi et, sous prétexte de me «placer», elle se mettait à me caresser doucement.

Puis, elle voulait aviver mes lèvres et y appliquait du rouge. Ensuite, c'étaient mes mamelons qu'elle voulait plus gros, et elle les prenait entre ses lèvres pour les faire enfler. Évidemment, pour elle, c'était une sorte de jeu, je ne sais d'ailleurs toujours pas à quel jeu elle jouait, mais elle trouvait ça drôlement agréable. Finalement, elle se déshabillait, se mettait un gros dildo, s'agenouillait entre mes jambes et me prenait comme un homme. Elle aimait ça quand je jouissais. Bien sûr, moi, les dildos, ça me laisse indifférente, mais je faisais semblant et, pour m'aider, elle me caressait le clitoris, ce qui m'excitait beaucoup. J'ai toujours été très sensible du clitoris.

Sur les Québécoises, je pourrais m'étendre pendant des heures et des heures. Une fois, au cinéma, j'étais assise du côté droit de la salle, à l'arrière. Une jolie fille, dans la vingtaine, vient s'asseoir près de moi. L'air de rien, elle reste là à regarder le film puis, tout à coup, je sens une main se glisser doucement sur ma cuisse. La fille me faisait une passe. J'ai failli partir à rire.

J'ai accepté son invitation. Ça devait drôlement lui manquer pour qu'elle aborde une inconnue de cette façon-là. C'est très rare qu'une lesbienne va faire une passe comme ça à une autre femme. Ce n'est pas dans leurs habitudes, mais celle-là... elle avait un front de boeuf et elle me disait qu'elle était certaine que n'importe quelle femme, si on lui en donnait la chance, se laisserait aller à faire l'amour avec une autre femme... Si elle en avait l'occasion, qu'elle prétendait. Et en agissant à sa manière, elle disait qu'elle en pognait très souvent des hétéros qui ne disaient pas non. J'avais tendance à la croire et maintenant plus que jamais!

Parce que les Québécoises sont loin d'être barrées. Elles aiment s'envoyer en l'air et quand une occasion se présente, elles ne sont pas plus folles que d'autres et elles en profitent. Même si c'est pour quelques heures seulement. Si vous croyez que toutes les bonnes femmes qui vous semblent tellement respectables n'ont pas envie de se faire farcir d'un beau gros morceau de boudin, c'est que vous en avez encore un bon bout à apprendre sur les femmes.

Même Madame R. qui est pourtant une femme qui ne pense qu'à ses «affaires»! Eh bien, elle aussi. Linda me racontait qu'un soir elle avait dû aller chez elle à l'improviste et elle l'avait surprise en très galante compagnie. Madame R. n'a pas eu l'air d'aimer faire surprendre ses petits secrets, surtout que son amoureux n'était pas de la première jeunesse. Ça fait drôle de penser à elle avec un mâle sur le ventre, surtout un bonhomme bedonnant et dans la quarantaine. Elle passe son temps à lorgner des jeunes étalons bien pris et elle ne bronche jamais. Il faut croire qu'elle a ses goûts particuliers.

C'est vrai qu'elle travaille dans le milieu, alors, forcément, à force d'en voir et d'en vendre, elle a envie d'y goûter. Mais il y a toutes ces bonnes femmes à qui on donnerait le Bon Dieu sans confession... Celles-là, méfiez-vous!

Bobby, un des étalons de l'écurie de Madame R., me racontait qu'il avait été déniaisé par son professeur de piano quand il avait dix ans. Il s'amusait à raconter cette histoire-là parce que, disait-il, c'était cette célibataire qui passait pour une sainte Nitouche qui lui avait appris des trucs dont il se servait encore avec beaucoup de succès auprès de ses régulières.

Il racontait qu'un après-midi la vieille punaise de sacristie était seule à la maison quand il était arrivé pour sa leçon. D'habitude sa vieille mère était toujours là. Mais pas cette fois-là. Il s'assit au piano, la bonne femme près de lui. Lui, il disait qu'elle était vieille, mais elle était dans la trentaine. Pour un petit gars de dix ans, trente ans, ça paraît joliment vieux!

Puis, tandis qu'il faisait ses gammes, elle lui fait remarquer que sa braguette est ouverte. Il veut la refermer, mais elle lui dit de continuer, qu'elle va le faire pour lui. Bobby est tellement drôle quand il raconte ce bout-là. Il disait que la bonne femme avait commencé à fouiller comme pour refermer son pantalon, mais qu'en fait elle cherchait le joli petit bout rose et dodu... Bobby disait qu'il n'avait jamais, de toute sa vie, fait des gammes aussi croches que cette fois-là. La femme lui demandait s'il aimait ça. Alors, elle fit tourner le banc du piano, se mit à quatre pattes devant lui et hop, elle goba le joli suçon. Bobby dit qu'il a failli se mettre à pleurer tellement il avait eu peur de se le faire manger!

Puis son professeur lui avait demandé de lui rendre la pareille, de lui faire des gammes entre ses cuisses. Si vous connaissez Bobby, vous vous doutez qu'il est pas doué pour rien. Il est pris comme un cheval et je gagerais qu'il était mature à huit ans ce vicieux-là!

Mais la meilleure, je la gardais pour la fin. La meilleure des meilleures, vous ne pouvez pas vous douter de ce que c'est. Un soir, je revenais chez moi tranquillement quand, tout à coup, je me tourne le pied et je tombe. Une femme qui me suivait se précipite, m'aide à me relever et insiste pour me raccompagner chez moi. Je la regarde, pas de problème, c'est une religieuse. Je ne veux pas la déranger, mais elle insiste. D'accord, que je dis.

Elle me soutient jusqu'à mon appartement, elle entre, elle veut examiner ma cheville enflée voir si je ne me suis pas cassé quelque chose. Je m'assieds sur le divan et elle se met à genoux devant moi. Elle défait mon bas de nylon puis me masse la cheville. C'est bon. Mais quelle surprise quand, soudain, je sens ses mains qui abandonnent ma cheville... la religieuse se met à me dire qu'elle m'envie d'avoir un aussi beau corps, que je dois avoir une chatte très belle, toute douce et savoureuse, qu'elle meurt d'envie de me manger... J'ai vite oublié mon entorse! C'était bien la première fois de ma vie que je me faisais embarquer par une... soeur! Mais celle-là doit être allée directement en enfer parce qu'elle était vicieuse... ouf! Ou a eu «ben du fun»!

Quand je vous dis qu'il ne faut pas se fier aux apparences!

Chapitre 4

MES MÂLES PRÉFÉRÉS

C'est quand j'ai reçu le coup de téléphone de Bill que, tout à coup, je me suis rendu compte qu'il n'y avait pas beaucoup d'hommes dans ma vie que j'aimais vraiment. J'avais probablement une sorte de «coup de vieille» si je peux dire, parce que je n'ai pas l'habitude de me sentir comme ça. Je revenais de Toronto où j'étais allée «faire un congrès» avec Myriam, une copine. C'était simplement pour la dépanner, lui donner un coup de main en quelque sorte. Des coups de main à ce prix-là, je ne refuse jamais.

J'avais probablement eu les yeux plus grands que le... enfin, vous voyez ce que je veux dire. J'avais probablement passé trop de clients et c'est à cause de ça que je me sentais ramollie. On aura beau dire, mais je ne suis pas du genre de certaines que j'ai déjà connues qui n'avaient pas assez de vingt-quatre heures dans une journée pour passer des clients. Une fois même, ça fait longtemps, disons sept ou huit ans, il y avait une fille qui avait passé quatre-vingts clients dans le même journée. Il faut dire que son pimp était un maudit salaud. Je n'ai pas été fâchée quand on l'a retrouvé avec des pantoufles en béton à regarder passer les poissons dans le fond du fleuve.

J'étais donc arrivée de Toronto dans l'après-midi et, rendue à mon appartement, j'avais pris un bon bain chaud en regardant la télévision. Après, j'avais décidé de passer une petite soirée tranquille. Myriam m'avait donné une couple de vidéos cochons qu'elle avait tournés avec des copines et je voulais voir ce que ça donnait. Vers les huit heures, Bill m'avait téléphoné.

— Tu fais quoi, ce soir, poulette? qu'il me demande bien raide, comme ça.

— J'arrive d'une grosse job à Toronto. Je suis pas mal vidée. Et toi? Qu'est-ce que tu fais à Montréal?

— Je ne fais que passer. J'ai un gros client qui arrive de Paris demain et je vais prendre l'avion avec lui jusqu'à New York pour le mettre au courant des affaires.

— Il se fait que tu cherches l'âme soeur. C'est ça, hein, mon vicieux?

Il partit à rire. Maudit Bill! Un bon gars, pas possible. Toujours à prendre la vie du bon côté. Quand j'étais avec lui, j'étais sûre de ne jamais m'ennuyer.

— Bien, je ne suis pas seul, qu'il fait. J'ai emmené ma secrétaire, tu comprends? Mais disons qu'elle n'est pas barrée. Elle est pas encore au courant, mais qu'est-ce que tu dirais d'un petit party à trois?

— Bill! ne commence pas tes cochonneries. Tu ne veux pas plutôt que j'appelle une amie pour que nous soyons quatre? Je suis vraiment pas mal vidée...

— Ça va te faire du bien de te faire manger la minoune... Tu vas voir qu'elle est déniaisée. Et puis, elle a

46

une surprise pour toi. Je n'ai jamais vu une fille avec... non, tu verras ça tout à l'heure, okay?

— Tu connais les tarifs, Bill! que j'ai répondu.

— Tu es mieux d'être réveillée quand on va arriver!

En les attendant, je me préparai un cognac avec des oeufs battus dans du lait. Moi, c'est mon remède-miracle. Quand je suis à terre, je commence par prendre ça puis, une demi-heure plus tard, je me garroche deux ou trois pinottes derrière la cravate. Ça te remonte une fille en maudit. Il ne faut pas exagérer quand même. J'ai une couple de mes amies qui sont des vraies *speed freaks* quand elles n'ont pas les gencives rongées par la «coke». Moi, je ne suis pas comme ça. Je n'aime pas me fatiguer à ce point-là. Quand je couche, j'aime autant avoir les idées claires.

Mais ça me faisait vraiment plaisir de voir que Bill était en ville. Il allait me remonter le moral. À force d'y penser, je trouvais que je commençais à faire dur, ce soir-là. Je n'ai pas souvent les idées noires mais, par bouts, ça me pogne. J'ai les bleus. C'est la faute de Bill aussi. Je me souviens de la première fois que je l'ai rencontré, c'était dans un lobby d'hôtel. J'étais assise en train de lire le journal quand ce beau mâle vint s'asseoir près de moi. Il ne savait pas trop trop que je faisais la gaffe, mais je ne l'ai pas laissé longtemps faire le niaiseux à essayer de m'embarquer. J'ai aimé la réflexion qu'il a eue: «Parfait, ça, poulette. Comme ça, nous ne perdrons pas notre salive à parler pour rien dire. J'aime autant la garder pour ce que j'ai envie de te faire...!» Au moins, il était franc et direct. J'aime ça comme ça les hommes qui ne se prennent pas pour Casanova puis qui n'essayent pas de nous prouver qu'ils sont les meilleurs du monde.

Mais je n'en ai pas eu bien gros dans ma vie de ces hommes-là. Les hommes que j'ai bien aimés, ils sont plutôt rares. Je pourrais les compter sur les doigts d'une main. Il y a eu Louis. Le premier qui m'a fait complètement flipper! Le pire, c'est qu'il était timide comme vingt. Je n'avais jamais rencontré un gars gêné comme lui. Pourtant, il ne donnait pas cette impression-là, et puis quand je l'ai entraîné dans mon appartement, quand j'ai vu qu'il en bavait d'envie de me manger, je me suis rendu compte qu'il avait un petit quelque chose qui me faisait mouiller. Un petit air angélique, une façon tellement «mangeuse» de me regarder. Il n'arrêtait pas de me faire toutes sortes de minoucheries. Oui, je n'ai pas peur de le dire, ce gars-là me rendait complètement cinglée avec ses minoucheries, ses petites attentions. Je le traînais comme un petit chien. C'est comme ça que les filles l'appelaient, le pauvre Louis. «Tiens, tu traînes encore ton caniche?» niaisaient les filles. Mais, dans le fond, je savais qu'elles en bavaient de jalousie les petites vaches. Elles n'en avaient pas de caniches qui étaient autant attachés à elles. Elles en avaient qu'elles se payaient. Mais moi, je n'ai jamais été forte sur les gigolos. Une queue, tu peux toujours en trouver quand tu en as vraiment envie. Et puis, j'en avais à la journée longue. Je n'étais donc pas pour en payer une en plus. Qu'ils paient, les maudits. Ils voulaient mon cul, bien c'était au plus offrant.

Mais Louis... Il avait beau savoir que je me faisais emplir jour après jour, il mettait des gants blancs avec moi, comme si j'étais une petite fille niaiseuse de quatorze ans qui prend sa première botte. Dans le fond, à bien y penser, je crois que c'est à cause de ça que je l'aimais tellement. J'avais l'impression d'être quelqu'un avec lui, pas rien qu'une peau. Ça faisait joliment changement. Puis des fois, quand il avait envie de quelque chose en particulier, il était gêné de me le demander. Aie! Un gars gêné de me demander de le manger, j'en rencontrais pas des tonnes. Ouais, ça me faisait une sorte de petit velours d'être avec lui.

Il n'était pas super dans le lit, mais ça n'avait pas tellement d'importance. Pour une fille de gaffe, les étalons, ce n'est pas nécessairement ça qu'elle cherche pour passer ses moments libres. On en voit de toutes les couleurs, puis de toutes les longueurs. Il fait que ce qu'on aime, c'est plutôt la douceur. C'est quelqu'un qui est là, qui nous frotte dans le dos quand on est fatiguée, qui nous écoute, une sorte de père-poule.

Louis était tout ça pour moi. Parfois, j'arrivais à l'appartement vers les quatre ou cinq heures du matin, il m'attendait en lisant ou en regardant des films. Il ramassait mes affaires que je laissais traîner derrière moi, il me déshabillait, il me lavait quand je m'étendais dans la baignoire. Ses mains étaient douces... mais douces. Puis il m'asséchait, me portait sur la fourrure devant le foyer, me huilait de la tête aux pieds, me frottait longtemps, longtemps. Des fois je m'endormais là, devant le foyer, à me chauffer la couenne comme une chatte. J'aimais tellement ça que j'avais l'impression de ronronner.

Si je n'avais pas envie de baiser, il me laissait tranquille. Mais il était tellement... c'était un amour, aussi je n'allais pas le laisser la bitte en l'air sans rien faire. Il se contentait de pas grand-chose, je dois le dire. Une petite séance de «solo à cinq doigts» que je lui faisais avec de l'huile sur le batte et il était aux oiseaux! Ou bien une petite sucette. Ça aussi, il aimait bien. Je ne peux pas dire que ça me coûtait les yeux de la tête tout ce qu'il faisait pour moi.

Ce que j'aimais surtout, c'est qu'il avait une façon bien à lui de me masser avec un gant de fourrure. Ça... il avait la main en maudit. Il s'était fabriqué lui-même ces gants avec des peaux de lapins. Une fille qui ne s'est jamais fait caresser avec ça ne sait pas ce qu'elle manque. Je commençais par me coucher sur le ventre et il me massait la nuque, les épaules, le dos, les fesses... Je me souviens que quand je me tournais sur le dos, il mettait un gant spécial avec plein de petites pointes de caoutchouc arrondies. Il me plaquait ça sur la chatte et, de l'autre main, il me caressait partout. Moi, ça me faisait.

«flyer». Je me tortillais comme une chatte en chaleur, je me collais à son gant avec les piquants qui frottaient mon clitoris et je laissais venir le plaisir. Il aimait ça quand il me faisait venir, le p'tit maudit. Il disait que j'étais belle quand je jouissais. Il s'arrangeait pour me faire venir sept ou huit fois de suite. Ça le contentait. Un bien drôle de gars, je vous jure!

Mais ça n'a pas duré. Il commençait à être tanné de vivre de nuit et il ne pouvait pas supporter que j'emmène des clients à l'appartement. Je ne pouvais quand même pas passer ma vie à travailler dans les hôtels. C'est toujours comme ça avec les hommes. Ils commencent par faire le dos rond puis ils finissent par vous demander la lune et ils jouent les martyrs si vous ne la leur donnez pas.

Après Louis, ça a pris un maudit bon bout de temps avant que je décide de me trouver un autre «caniche». Je n'en voulais pas un qui se contenterait de prendre de l'argent puis d'aller s'épivarder dans la nature avec des donzelles ramassées dans les boîtes de topless. De ce genre-là, il en pleut. Tu te ramasses un bonhomme puis, dans le temps de le dire, ça lui prend la *Corvette,* les habits faits sur mesure, le portefeuille rempli, et les petites filles à quatre pattes autour de lui. Des pimps, je n'en avais pas besoin. Les candidats ne manquent pas pour cette job-là!

Je laissais donc faire. Quand je pognais les bleus, j'allais voir Marie-Lou, une Haïtienne de dix-huit ans qui se spécialisait dans les bonnes femmes. Elle m'aimait la pauvre petite. Moi, je l'encourageais quand ça faisait mon affaire. Je savais que je pouvais m'étendre et la laisser faire, elle allait me soulager comme j'en avais envie.

Le deuxième, ça s'est passé il y a quatre ans. Je m'étais payé une croisière dans les îles car j'avais décidé de prendre des vraies vacances. Je n'avais pas arrêté de travailler depuis Louis et je commençais à me trouver le teint pas mal blème.

Mme J. (une «butch» bâtie comme trois hommes et qui pouvait en assommer deux rien que d'une taloche) m'avait dit de *slaquer* un peu. Et puis, un beau soir, elle me donna un ticket de bateau en me disant: «Tiens, prends ça, va te changer les idées. Tu reviendras quand tu auras repris des couleurs!» Une vraie mère poule pour ses filles, celle-là.

J'en ai connu des tas de «madames» qui ne se fendaient pas en quatre comme ça. La plupart pensent rien qu'à l'argent. Mais les «vraies de vraies», celles qui se retirent avec un magot et qui n'ont pratiquement jamais de problèmes, c'est celles qui prennent soin de leur «écurie». Dans le fond, c'est logique. Si tu veux du rendement, il faut que tu prennes soin de ton personnel sinon la boutique s'en va chez le diable, et bien vite.

N'allez pas croire qu'elle avait le coeur sur la main, la Madame J. Le prix du ticket, elle l'avait pris sur mes «appointements»!

J'étais étendue sur une chaise longue à me faire bronzer quand un type s'assoit près de moi. Bel homme, les cheveux poivre et sel, style athlétique, il sirotait un pernod (je m'en souviens parce que j'ai toujours adoré l'odeur de ce drink-là) et il s'est mis à me parler des îles qu'on voyait à l'horizon. Il s'appelait Carl, était Allemand d'origine et passait son temps à voyager partout dans le monde d'après ce que j'ai compris. Non pas qu'il fût bourré d'argent, mais il avait fait des placements intelligents et il pouvait se permettre (sans faire de folies) de voyager comme ça à longueur d'année. Il s'amusait à écrire, qu'il disait. Évidemment, pour lui c'était une amusette, il n'avait pas besoin de ça pour vivre. Moi, ça me faisait tout drôle, je n'avais jamais rencontré d'«artiste». Je ne parle pas des artistes du cinéma ou de la télévision. Eux, on les voit à tout bout de champ, mais un «écrivain», ça me faisait tout drôle d'en voir un. Je me demandais ce qu'il avait dans la tête qui le poussait à écrire jour après jour.

Ça le faisait rire de voir que je n'ouvrais pratiquement

jamais un bouquin. J'aime mieux lire des revues, question de choix, hein?

Le plus drôle, c'est qu'il ne me chantait pas la pomme. Il aimait parler aux belles filles, qu'il disait. Ça le faisait se sentir plus jeune, quoique je ne le trouvais pas tellement vieux pour ses quarante-neuf ans.

Finalement, après le souper, nous nous sommes retrouvés dans sa cabine et dans le lit. Je n'allais quand même pas lui dire que je faisais la gaffe à l'année longue, il aurait peut-être trouvé ça moins drôle. J'aimais mieux jouer les secrétaires en croisière. Il avait l'air de penser que j'étais une bonne petite fille, pas mal déniaisée qui se cherchait un mari. C'est peut-être pour ça qu'il a disparu après la croisière, il ne voulait probablement pas que je m'attache à lui et que je le demande en mariage!!! Pauvre Carl, si seulement il avait su!

C'était un amant très délicat. Genre «homme du monde». Il connaissait les femmes, ça je peux vous le jurer. Il n'était pas particulièrement bien pris, mais il se débrouillait mauditement bien avec ce qu'il avait. Ce n'était pas un barré à quarante. Il avait une façon de me faire minette que j'aimais pas mal. Il prenait mon clitoris entre ses lèvres et j'avais tout à coup l'impression qu'il avait un pied de long tellement il le travaillait en souplesse. Il aimait ça, qu'il me disait. Il fallait qu'il aime réellement ça pour me le faire à tout bout de champ. Il disait que j'avais une chatte qui goûtait l'eau de rose. C'était bien la première fois que je l'entendais celle-là. Mes clients n'ont pas l'habitude de me faire des compliments de ce genre-là. Ils auraient plutôt tendance à renifler pour voir si je ne sentais pas la morue!

Il aimait aussi me la rentrer dans le derrière. Ça, j'aimais moins ça, d'autant plus que ça vous dilate ce n'est pas long. J'en connais qui se spécialisent là-dedans et qui se promènent tout le temps avec un kotex entre les deux fesses. Je ne trouve pas ça tellement ragoûtant. Mais il avait la bitte longue et pas très grosse, ce qui fait qu'il me rentrait ça tout en souplesse que c'est tout juste si ça me faisait mal. Je me demande des fois s'il n'était pas aux deux pour savoir si prendre si bien pour enculer. Il devait certainement s'envoyer aussi des petits mâles de temps en temps. Je ne lui ai pas posé la question, je ne voulais pas lui montrer que ce genre de discussion m'intéressait trop. Dans le fond, c'est drôle à dire, mais en me rappelant cette croisière-là, je me dis que je devais avoir l'air un peu sainte Nitouche sur les bords à ne pas parler de cul. Moi, quand je me mets à jouer les filles ordinaires, on dirait que j'en mets trop. Comme si les filles ordinaires ne parlaient pas de cul comme elles en avaient envie et quand elles en avaient envie. Dans le fond, c'était peut-être parce que je ne voulais pas avoir l'air d'avoir eu trop d'expériences sur le sujet.

Comme je vous l'ai dit, quand la croisière a été finie, le beau Carl a disparu comme par enchantement. Il m'a juré qu'il m'enverrait des cartes postales, mais j'ai jamais rien reçu. Dans le fond, j'aimais autant ça. Pour moi, Carl, c'était une merveilleuse histoire d'amour... de vacances, rien de plus. Je n'aurais pas aimé le traîner dans mes jupes à Montréal. Ça me faisait un beau souvenir, c'est tout!

Quand j'ai recommencé à travailler, je n'ai pas eu le temps de penser à moi. Je voulais me ramasser un bon magot, j'avais envie de redécorer mon appartement, peut-être même d'acheter un condo. En fait, je voulais faire la piastre! J'étais revenue en forme et l'automne s'annonçait plein de congrès, alors j'avais du pain sur la planche. Et puis, des histoires d'amour, il vaut mieux ne pas en avoir trop souvent, surtout dans notre métier. Je me souviens d'une fille qui passait son temps à se chamailler avec son «caniche». Elle n'avait pas le coeur à travailler, elle avait des «peines d'amour» à n'en plus finir. Moi, je la traitais d'idiote de s'embarrasser d'un homme comme ça. Comme si elle n'en avait pas assez sur la job! Ça ne servait à rien de lui dire ça, elle continuait. Un beau jour, elle a disparu et on n'en a jamais entendu parler. Personne ne sait ce qu'elle est devenue, mais moi je pense que son mâle lui a payé un voyage six pieds sous terre quelque part.

J'en ai eu un autre qui n'a pas resté longtemps dans ma vie. Pierre qu'il s'appelait. Un artiste-peintre. Je l'aimais beaucoup, mais il buvait comme un trou. Il était complètement capoté. Parfois, il me faisait peur. Peur de me faire battre ou de quelque chose du genre, mais peur de tout ce qui lui passait par la tête. Un vrai maniaque qui voulait révolutionner le monde entier. J'ai préféré ne pas le revoir. D'ailleurs il aimait mieux boire que coucher. Et quand il arrivait à l'appartement et qu'il me voyait étendue toute nue, on aurait dit que sa façon à lui de me faire l'amour, c'était de se garrocher sur ses «crisse» de pinceaux et de me peindre. Il doit avoir une trentaine de toiles de moi sur les murs de sa chambre, à moins qu'il ne les ait vendues. En tout cas, j'en ai gardé une en souvenir. Il avait beaucoup de talent, mais il buvait vraiment trop. Ça ne me surprendrait pas qu'il se soit suicidé. C'était son genre!

Et puis il y a eu Bill! Bill, lui, c'était mon monde à moi. Un gars pas scrupuleux, vendeur comme vingt, qui savait se débrouiller dans la vie. Il ne demandait pas plus qu'il n'était supposé recevoir. J'aimais ça de lui. Pas de questions inutiles, pas de chialage, il savait se ternir à sa place. Et puis, j'avais toujours du plaisir avec lui.

J'en étais là à ressasser de vieux souvenirs d'amour, à penser à mes mâles préférés quand on sonna à la porte. C'était Bill et sa secrétaire. Tout à coup, je ne me sentais plus du tout fatiguée. C'est vrai que le cognac et les pinottes commençaient à faire effet drôlement.

— Salut, poulette, me lança Bill quand j'ouvris la porte.

Il n'avait pas changé d'un poil bien que je remarquai

plusieurs petites rides qui s'annonçaient aux coins de ses yeux. S'il continuait comme ça, me dis-je, ce n'étaient pas des pattes d'oie qu'il aurait aux coins des yeux, mais tout un poulailler.

— Salut, Bill! Ça va? Tu m'emmènes de la visite?

Je regardais la grande fille aux longs cheveux noirs ramassés en chignon qui le tenait par le bras. Elle avait l'air sévère comme une soeur avec ses lunettes, son tailleur trop strict. À vrai dire, plus je la regardais, plus je me disais qu'elle n'avait pas du tout le genre de Bill. Mais il fallait certainement qu'elle ait quelque chose de rare pour qu'il tienne à la traîner avec lui.

— Ne te fie pas aux apparences, poulette. J'vois ce que tu penses! Mais Linda est «hot» comme c'est pas possible. Tu vas voir ça, poulette! lança-t-il avec son léger accent que je trouvais tellement séduisant.

— C'est quoi ça? fis-je en montrant une caisse qui se trouvait dans le vestibule.

— Un petit cadeau de ton vieux Bill, poulette. Une caisse de champagne!

— Voyons, Bill. Tu parles d'une idée!

— Ne te casse pas la tête, poulette! C'est le gars que j'attends demain à l'aéroport. Il est vendeur de champagne en gros. Alors il m'en a envoyé une dizaine de caisses pour faire goûter à mes meilleurs clients... J'en avais encore une caisse et j'ai pensé que ça te ferait plaisir... et puis, on pourra toujours en déboucher une couple de bouteilles dans la soirée, hein? Tu vas voir, il est excellent. Et c'est pas donné, quarante-cinq douilles la bouteille. Qu'est-ce que tu en dis?

— À ce prix-là, je vais le garder pour les occasions spéciales!

— Dis donc, poulette, as-tu l'idée de nous laisser dans le corridor toute la soirée? fit-il alors que je me tenais toujours dans l'entrée à leur barrer le passage.

— Excuse-moi, c'est la surprise...

Je les fais entrer, on s'installe au living, et Bill débouche une bouteille de champagne pendant que, du coin de l'oeil, je regarde la dénommée Linda. Elle ne semblait pas gênée ou mal à l'aise. Non. Elle restait assise bien sagement, comme une petite fille qui sort du couvent, bien élevée, bien polie et tout et tout. Je me creusais les méninges pour savoir ce que Bill pouvait bien trouver à cette fille-là.

— Elle est spéciale, hein? me lança Bill qui me regardait en riant.

— J'ai hâte de voir ce qu'elle a de tellement spécial que tu arrêtes pas d'en parler, fis-je avec une moue.

— Laisse-moi te dire, poulette, qu'avec toute ton expérience, tu n'as jamais rencontré quelqu'un comme Linda.

Il s'approcha de celle-ci, lui tendit une flûte de champagne et se pencha pour la baiser sur la bouche. Il fallait qu'il en bande un coup pour elle. Je n'avais jamais vu Bill se comporter de cette façon avec qui que ce soit. C'est vrai que j'étais pas toujours dans ses culottes, mais ça ne lui ressemblait pas.

Finalement, on s'est mis à parler de choses et d'autres tout en buvant une couple de bouteilles, histoire de se mettre un peu dans l'ambiance. La tête me tournait un peu avec les pinottes que j'avais prises. Bill, lui, c'est dans son style, il a toujours l'air d'un gars qui a pris un petit verre de trop. Il a les yeux qui pétillent, il s'enfarge dans ses mots, rit fort et gesticule comme un Italien. On a toujours l'impression qu'il est entre deux vins mais c'est son genre. Il faut le connaître. La Linda, elle, commençait à dégeler. Elle se laissait aller sur le dossier du divan. Elle avait enlevé ses souliers et avait les pieds sous elle. Elle avait même détaché le veston de son tailleur et sa blouse blanche transparente laissait voir des petits seins très mignons avec de grosses pointes roses comme des sucettes.

— Des beaux p'tits tétons, hein? ricana Bill en s'approchant.

Il en prit un de la main qu'il pressa doucement comme pour en faire durcir la pointe. La Linda ricana un peu et se laissa aller encore plus sur le dossier. Ses yeux prenaient une teinte qui annonçait que le champagne lui faisait effet.

— Tu vas voir, ma poulette, fit Bill qui s'excitait de plus en plus.

Je me carrai à ma place, le peignoir entrouvert sur mes cuisses. Linda eut un coup d'oeil insistant sur mes cuisses nues. Elle était probablement aux deux et c'est ça qui excitait tellement Bill, me dis-je.

Il l'attira vers lui, la mit sur pied et lui enleva le veston de son tailleur tout en la baisant sur la bouche. Puis, il défit les boutons de la blouse et la lui enleva. C'est vrai qu'elle avait de jolis petits nichons. Pas trop petits, tendus, pointus comme des accents aigus et des mamelons très gros. J'aime ça de gros mamelons. On dirait que ça me rappelle ma mère. C'est peut-être pour ça que j'aime me les faire sucer longtemps.

Puis il se pencha, lui baisa les nénés, la souleva dans ses bras pour la coucher sur le tapis et il s'étendit près d'elle. Il releva la tête et me fit un clin d'oeil complice tandis que je les observais tous les deux. Linda passait une main fouineuse sur le pantalon de Bill, alors qu'il glissait la main entre les jambes de sa «secrétaire». La fille m'avait l'air joliment vicieuse. Déjà elle commençait à se plaindre et à se tortiller. Qu'est-ce que ça allait être quand Bill allait l'enfiler? Pourvu qu'elle n'arrache pas mon tapis, me dis-je, amusée.

Elle avait ouvert son pantalon et fouillait dans les

culottes de Bill comme si elle cherchait à la lui arracher. Bill trouvait ça drôle.

Il descendit la fermeture éclair de la jupe de la fille. Tout à coup, je sursautai et c'est comme si je dégrisais dans le temps de le dire:

— C'est un travesti, ta Linda! fis-je en voyant la bosse bien évidente sous la petite culotte de dentelle blanche.

— Tu n'as rien vu encore, Poulette, fit Bill en éclatant de rire.

Il arracha la culotte de dentelle et ouvrit les jambes de Linda. Je me sentis tout drôle quand je constatai que Linda était une hermaphrodite parfaite. Il n'y avait pas à se tromper, elle avait un pénis qui bandait, ça crevait les yeux, mais en dessous du petit sac, je distinguai clairement les lèvres de son vagin que Bill ouvrait lentement pour me faire voir clairement qu'il ou qu'elle (ça dépend comment on le prenait) avait tout ce qu'il faut.

— Hein, poulette? tu as déjà vu ça? Un gars qui est aux deux en même temps avec une fille comme Linda... Tu parles. Elle est équipée de A à Z pis elle sait se servir des deux.

Je n'en revenais pas. Je me mis à genoux à côté de Linda et je me mis à caresser ses deux sexes, comme saint Thomas, histoire de m'assurer que je ne rêvais pas. Ce n'était pas un rêve et ce n'était pas le champagne non plus. Bill enfonçait deux doigts dans la chatte de Linda pendant qu'il lui caressait la pine de l'autre main. La fille (ou le gars, je ne savais plus tellement) râlait comme une dingue, se tortillait. Évidemment, ça devait faire tout un effet d'être grayé des deux et de se faire caresser de deux manières à la fois. Non, vraiment je n'en revenais pas.

J'en étais là quand je sentis entre mes cuisses un toucher délicat et fouineur. Je sursautai et je vis Linda qui me souriait de toutes ses dents. Ça me faisait tellement drôle que le coeur me débattait dans la poitrine. J'ouvris les cuisses pendant que Bill se déculottait. Il avait une érection qui en disait long sur ses intentions. Linda avait un toucher de femme en tout cas parce qu'elle savait comment caresser une chatte. Ses doigts dénichèrent mon clitoris qu'elle se mit à branler doucement et moi, j'en avais toujours le souffle coupé quand je vis Bill s'étendre sur sa secrétaire et lui enfiler son huit pouces au complet. Il n'y avait pas à dire, c'était un phénomène de cirque, cette fille-là. Je comprenais maintenant pourquoi Bill en bavait tellement. J'allais dire comme lui: un gars avait tout ce qu'il voulait avec une telle partenaire.

Mais je voulais voir si elle pouvait m'enfiler moi aussi. Je poussai Bill de côté et invitai Linda à se coucher sur moi.

— Bill, fis-je, va chercher le grand miroir et mets-le ici, à côté.

Il eut un rire sadique. Il savait fort bien ce que j'avais en tête. Il ne fallait pas être malin pour comprendre. Linda, elle, avait toujours son petit pénis (qui devait faire quatre pouces) en érection et elle trouva drôle de me voir enlever mon peignoir, me coucher sur le dos sur le tapis et lui ouvrir les cuisses. Elle se mit à me caresser les nichons pendant que Bill allait chercher le miroir et l'installait. Puis Linda se coucha sur moi, se frotta sur tout mon corps, caressa mes seins des siens, me baisa à pleine bouche et me caressa de sa langue pointue. Je fixais toujours son petit pénis et j'avais une hâte folle qu'elle me le mette dedans. Bill, lui, regardait la scène en rigolant, les doigts entre les cuisses de sa «secrétaire», histoire de l'allumer encore plus. Il n'avait pas besoin de l'exciter davantage, elle était rouge au point que je m'attendais à la voir exploser.

Finalement, elle se place en position et je passe une main sous son ventre pour saisir son membre et le diriger en moi. D'un coup de reins, la voilà qui me pénètre. Ça me fait tellement drôle. La sensation est tellement différente d'une fille avec un dildo que ce n'est pas croyable. Mais ce qui me fouette encore plus, c'est quand, dans le miroir, je vois Bill qui s'agenouille derrière Linda et, lui ouvrant les cuisses, se place en position et flop! l'embroche complètement.

Linda en eut un soubresaut fatal qui la fit se renfoncer en moi encore plus. Je perdais les pédales. Je me rendais compte que cette fille me rendait complètement folle. C'était tellement excitant... et Bill donnait de grands coups de hanche et, à chaque coup, Linda m'en donnait un de sorte que c'était comme si c'était Bill qui m'enfilait à travers l'autre fille.

La suite, je ne m'en souviens plus, j'ai complètement perdu la boule... mais je me souviens fort bien que quand Bill et Linda sont partis le lendemain matin, je lui ai fait jurer sur la tête de sa mère qu'ils reviendraient tous les deux au plus sacrant! Des petites partouses comme ça... je m'en taperais tous les soirs!

Chapitre 5

LES MIEUX «PRIS»

Ça me fait penser, en décrivant la petite partouse avec Bill et Linda, que des «phénomènes», j'en ai vu une maudite gang dans ma vie. Évidemment, quand on est payée pour coucher, ce ne sont pas les occasions qui manquent de rencontrer des spécimens pas mal particuliers. Bill avait beau me dire que je n'avais jamais vu une fille (ou un gars, j'ignore toujours si c'est un gars ou une fille) comme Linda. J'ai entendu à la télévision que ça existe rarement des cas comme celui de Linda. Elle ne pouvait pas éjaculer comme un homme, mais elle avait un organe pareil, des deux façons. Je trouvais ça capotant à mort de la voir. Surtout quand elle avait enfilé Bill dans l'anus. Là, j'avais failli sauter au plafond. Je n'en revenais pas.

Non, c'est vrai que des filles comme Linda (ça devait être une fille puisqu'elle avait des seins, mais dans le fond avec les hormones, on peut faire ce qu'on veut), je n'en avais jamais vu. J'avais eu une fois une bonne femme qui avait un clitoris, un «clit» comme on dit, très long. Il devait bien faire dans les trois pouces de long, mais c'était pas une pine, c'était un clit. Il fallait voir de quelle façon elle savait s'en servir. Ce qu'elle aimait le plus, c'était nous le mettre dedans, non seulement dans le vagin, mais aussi dans l'anus. Elle avait un plaisir fou à jouer le mâle comme ça. C'est vrai aussi qu'elle était bâtie pour. Elle devait faire dans les deux cents livres facilement, mais c'est drôle parce qu'elle n'était pas grosse, comme on dit d'une fille que c'est une grosse torche, une grosse avachie. Non, elle était tout en muscles. Elle levait même des poids et haltères et elle vous avait une paire de bras à faire réfléchir un mâle avant qu'il lui dise des bêtises. D'ailleurs j'en ai souvent vu dans ce genre-là ne pas perdre une minute et flanquer une droite à un bonhomme dans un club. Un gars s'étampe ce n'est pas long quand deux cents livres de muscles vous garrochent une garnotte comme ça.

Ouais, ça me faisait penser que j'en ai rencontré des pas mal particuliers dans ma vie. Les premières fois, on reste l'air bête. Par exemple, je me souviens d'une fois, ça ne faisait pas tellement longtemps que je travaillais chez Madame J. quand elle me téléphone.

— J'ai un «spécial» pour toi, qu'elle me dit.

— Quel genre de spécial? que je lui demande.

J'étais encore un peu peureuse à l'époque. Je n'avais pas tellement confiance aux «Madames» et je m'attendais toujours à un coup de cochon. C'est vrai que ça arrire mais, à la longue, on apprend à connaître son monde et Madame n'était pas chienne comme ça.

— Je pense que c'est quelque chose qui va te faire plaisir, me dit-elle. Et puis, c'est pour toute la nuit. J'espère que tu es en forme?

— Je suis fraîche comme une rose, que je lui réponds.

— Okay, je t'envoie ça... Tu m'en diras des nouvelles.

Je me demandais vraiment quelle surprise elle m'avait

réservée. Je me préparai donc. Environ une heure plus tard, on sonne à la porte. Je vais ouvrir avec le sourire de circonstance, et j'aperçois un petit bonhomme, il n'avait pas plus de cinq pieds deux si je me souviens bien. Il reste là, l'air niaiseux avec son petit complet usé et son chapeau melon! Il avait l'air des Dupont!

— Je suis chez mademoiselle X...? qu'il me demande poliment. Il avait l'air d'un vendeur d'images saintes.

— Oui, c'est moi, fis-je un peu gênée. Entrez!.

Il était là à me suivre poliment, sur la pointe des pieds. Il avait des petites lunettes rondes qui lui donnaient un air encore plus idiot. Au salaire qu'il devait faire, il devait économiser pendant six mois pour se payer une nuit avec une fille comme moi, me suis-je dit. Dans le fond, j'étais encore pas mal niaiseuse, je l'ai dit. Aussi, peut-être parce qu'il me faisait tellement pitié de le voir tout pogné dans un paquet, je décidai de lui en donner pour son argent.

Mais lui, aussitôt installé dans le living, il me demanda un scotch à l'eau et il dit:

— Vous savez, mademoiselle, je vois que vous êtes surprise de me voir, mais ne vous faites pas d'idées, j'ai les moyens de vous payer et, surtout, je suis pas ce que vous pensez...

Tu parles si une fille attrape son air.

— Je vous assure que je ne pense rien, euh... comment est-ce que tu t'appelles?

— Appelez-moi... euh... appelle-moi Charles, ça n'a pas d'importance, je ne suis pas venu pour parler...

— T'es drôle, toi. Tu es vite en affaire en tout cas.

Il me regarda d'un air malicieux. Plus je le regardais, plus je lui trouvais l'air d'une punaise de sacristie. Je me demandais même si c'était pas une espèce de curé ou de frère

63

qui voulait se «soulager» un peu.

— Madame J., que je connais très bien, reprit-il, m'a assuré que vous m'en donneriez pour mon argent...

Je me tenais debout devant lui, mon verre à la main, lui laissant tout le loisir de me regarder. Je laissai mon peignoir s'ouvrir, histoire de lui montrer la marchandise. Il écarquilla les yeux et tendit la main pour me caresser une hanche. Il but une gorgée de son scotch et je vis son front devenir tout rouge.

— Pas de doutes, tu es un morceau de choix... J'ai hâte de pouvoir goûter tout ça...

— On peut passer à ma chambre tout de suite, si tu veux, Charles!

— Non, pas tout de suite! Laisse-moi le temps de me réchauffer un peu. Vois-tu, je n'ai pas l'air de grand-chose comme ça... non, ne dis pas le contraire, j'ai l'air d'un jésuite défroqué, je le sais parce que certains qui ne sont pas très polis ne se sont pas gênés pour me le faire savoir. Mais si la nature ne m'a pas donné beaucoup d'attraits physiques... euh, extérieurement, par contre j'en ai d'autres qui me donnent certains, disons, avantages sur beaucoup d'autres hommes.

Il commençait à me rendre curieuse ce drôle de petit bonhomme.

— C'est à cause de... cet avantage que ça prend beaucoup de temps avec moi. Ça me prend pratiquement toute la nuit avant d'en avoir vraiment pour mon argent.

Puis, après avoir pris une autre gorgée, il me demanda:

— Sais-tu ce qu'est le priapisme?

— Le quoi? C'est quoi ça? Une marque de peinture? Une nouvelle position? Une danse.

Charles se bidonnait. Il se leva, enleva proprement son

veston, défit sa chemise en me laissant voir son ventre bedonnant et sa peau blanche et mate puis, sans rien dire, il ouvrit son pantalon.

— Ta... bar... J'en avais le souffle coupé. J'écarquillai les yeux en portant les mains à ma bouche. Je ne pouvais tout simplement pas croire ce que je voyais. Un truc qui devait vous avoir... je ne sais pas, il était aussi gros que mon poignet, plus gros même et long, mais long... et ce n'était même pas... même pas droit???

— Le priapisme, c'est ça, conclut-il en se laissant tomber sur le divan. Certains disent que c'est une maladie, moi je trouve que c'est une bénédiction. Mais il n'y a qu'un petit problème, ça prend quelqu'un qui connaît tous les trucs du métier pour bien me satisfaire. Je peux rester bandé toute la nuit sans que ça me fatigue...

— Toute la nuit? Charles...!

J'en avais des palpitations de voir ce membre absolument magnifique. Dans mes rêves les plus fous, je n'aurais jamais pensé qu'un jour je pourrais avoir un morceau de choix de cette qualité à me mettre sous la dent. J'étais tellement excitée que j'ai pensé faire une neuvaine de remerciements à Madame J. pour m'envoyer un client comme ça.

— Vous n'avez pas peur que ça vous fasse mal? reprit Charles qui me vouvoyait à nouveau sans s'en rendre compte.

— Ne t'inquiète pas pour ça... c'est élastique cette affaire-là! fis-je toute nerveuse au point que j'en avais les mains qui me tremblaient.

Mais pourtant, j'eus un instant d'hésitation. C'était si gros au repos, alors une fois en érection, je risquais peut-être en effet d'y laisser des plumes.

— Par la force des choses, reprit Charles, je suis très

délicat. Mais je n'ai pas connu de femmes qui avaient une certaine expérience qui n'ont pas pu me prendre. Ça m'est arrivé une fois, mais elle était peut-être un peu... jeunette.

— Fais-tu partie d'un club? Est-ce qu'il y en a beaucoup comme toi? Je vais offrir mes services gratuitement, c'est pas croyable...

Charles se mit à rire... Il enleva son pantalon et son caleçon. Le machin lui arrivait à un pouce en haut du genou, je vous le jure sur la tête de ma mère... J'en avais des frissons et la bouche sèche. Il s'approcha de moi et se mit à me caresser la toison, roulant les boucles autour de ses doigts.

— On passe aux choses sérieuses? fit-il en souriant.

Je marchai à côté de lui, incapable de détacher mes yeux de son pénis énorme qui me faisait penser à celui d'un étalon.

Pour tout dire, j'ai bien eu l'impression que j'allais éclater en morceaux quand il me remplit de son manche énorme. J'avais pris soin de bien le lubrifier avec de l'huile de coco, histoire de rendre le frottement plus doux. Mais bon Dieu, quelle sensation incroyable. Quand je pense qu'il y a des femmes qui rêvent de cette sensation d'être remplie jusqu'aux oreilles... et moi, j'avais de la misère à respirer tellement cette sensation me rendait folle. Pas mêlant, je délirais.

Malheureusement, je n'ai jamais revu Charles. Pas de doute que, quelque part dans le monde, il y a une fille qui doit être joliment heureuse quand son petit Charles avec son air si niaiseux, arrive à la maison et se prépare à lui enfourner son gros machin là où vous pensez... J'en ai encore des frissons rien qu'à y penser.

Oh! bien sûr, dans ma profession, on a l'occasion d'en voir des hommes qui sont bien pourvus par la nature. Mais il faut se méfier. J'ai connu un type qui en avait une de neuf pouces de long et de trois pouces de tour, au repos. J'en avais l'eau à la bouche en la voyant, mais malheureusement elle n'allongeait pas et ne grossissait pas plus quand elle était en l'air. C'était tout drôle de voir ça qui se levait tout d'un coup, hop!, et qui ne devenait pas plus grosse.

Une fois, avec les filles, on a pensé se partir une sorte de club d'«étalons». Ramasser nos clients les mieux membrés et, une fois par mois, les inviter à une partouse bien spéciale... gratis. Les filles aiment ça un gros morceau de temps en temps. Mais il ne faut quand même pas croire que seuls les «bien pris» sont capables de donner du plaisir à une fille. C'est pas vrai du tout. Seulement, c'est agréable de temps en temps d'en avoir une vraie grosse pour s'amuser avec. Mais il ne faut pas se faire d'illusions, j'en ai connu des tas de gars qui avaient toute une queue et qui ne savaient pas s'en servir. Un, entre autres, qui n'arrêtait pas de se vanter et qui, finalement, n'était même pas capable de la garder debout après une première passe. C'est plate à mort un gars de même. Il était tout juste bon à danser dans les clubs et à branler son manche au nez des mémères pour les exciter.

Mais parmi mes souvenirs des «mieux pris», il ne faut surtout pas croire qu'il n'y en a que des grosses... Non. Quand je parle des hommes qui sont bien pris, ça veut dire aussi, pour moi, des types qui en ont une fameuse et qui savent s'en servir. On peut en avoir une simplement un peu plus grosse que la moyenne et faire des miracles avec... Ce qui me fait penser à un préjugé qui est très répandu. On pense souvent que les Noirs sont mieux membrés que le reste des hommes. Bien laissez-moi vous dire que c'est une idée totalement fausse. Peut-être que c'est une bonne femme qui avait frappé une famille de particulièrement bien pris et qui a répandu cette rumeur, mais personnellement j'en ai connu plusieurs qui étaient dans la moyenne et pire encore, qui se pensaient tellement bons qu'ils ne se préoccupaient de rien d'autre que de leur petit plaisir. Des hommes comme ça, on en rencontre des tonnes tous les jours. Avec eux, moi, c'est strictement «business-business» et je ne me fends pas en quatre pour faire du spécial, je vous en passe un papier.

Je me souviens cependant d'un Libanais. Il avait un nom à coucher dehors, mais il vous avait un «pic» pas possible. Elle n'était pas tellement grosse, mais elle était très longue et recourbée comme une épée. Quand je l'ai vue, j'ai failli partir à rire. Nous étions deux pour nous occuper de lui parce qu'il voulait aussi un «spécial par en arrière». Mona aime ça de cette façon-là... Moi, je ne veux rien savoir, sauf à des occasions très spéciales et avec des types que je connais très bien. J'aime mieux prendre mes précautions.

Le plus drôle, c'est quand Mona s'était installée à quatre pattes sur le lit, le derrière en l'air et que lui s'était placé derrière elle. Je regardais comme une niaiseuse. Je n'aime pas me le faire faire, mais je trouve ça quand même excitant. C'est tellement cochon. Il l'avait enfilée, floc!, comme ça, tout d'un coup. Il y allait lentement, mais ça avait l'air tellement facile. Il n'avait pas un gros pénis, il était même moins gros que la moyenne, mais d'une longueur, on aurait juré une sorte de serpent. Mona râlait un coup. Je l'entends encore qui disait:

— Je suis pleine! Oh! je suis pleine, ohhh, il me remplit. C'est bon, je suis tellement pleine!

Le pire, c'est qu'il lui enfournait ça tranquillement comme si de rien n'était et, finalement, il a complètement fait disparaître les quatorze pouces de son truc. Mona a déchiré mes oreillers avec ses dents tellement elle jouissait, la maudite folle. Elle avait l'air d'avoir tellement de plaisir que l'idée m'est passée par la tête d'essayer ça, mais j'ai préféré ne pas le faire... À vrai dire, ça me faisait peur. Ça me fait toujours peur d'ailleurs.

Puis, plus tard, après un bon lavage (inutile de le mentionner), il exhibait encore une érection pas mal alléchante et je me suis étendue sur le dos. Ça faisait un drôle d'effet parce qu'elle n'était pas grosse, alors ça ne me remplissait pas de la même façon, si vous voyez ce que je veux dire... Mais il a suggéré de changer de position et je me suis assise sur lui, les jambes fermées, et alors là... là, mes enfants... ouhhh! Je ne vous dis rien que ça, je ne voudrais quand même pas passer pour une obsédée, mais il y a des fois qu'il y a des obsessions qui se perdent, je vous jure!

Au chapitre des «bien pris», je pourrais en citer encore plusieurs, mais ça revient toujours au même finalement. Un gars a un gros membre... et puis après? Ce n'est pas fréquent, mais ce n'est quand même pas si rare que ça et puis, disons qu'après un certain temps on vient habituée.

Pourtant, on en rencontre toujours qui ont un petit quelque chose de particulier. Tenez, ça me revient maintenant. C'était, oui, il y a deux ans. Un type que j'ai ramassé dans un bar chic. L'air de rien (d'ailleurs, ils annoncent pas ça avec une enseigne au néon), je l'emmène chez moi et quand il se déshabille, j'aperçois ce machin eh oui! pas mal impressionnant. Comme toujours quand j'ai un instrument «intéressant» entre les mains, mon coeur se met à battre un rythme de samba et je me dis que je vais passer une maudite belle soirée. Mais quand j'ai vu grossir son truc, je me suis rendu compte que le gland devenait très, très gros. Comme une sorte de champignon tout rouge et tout dur. Ça faisait assez drôle. J'en ai pris une photo d'ailleurs comme souvenir. (Vous devriez me voir l'album de souvenirs, de quoi vous mettre l'eau à la bouche.)

Si parfois d'en avoir une grosse entre les jambes ne vous donne pas tellement de plaisir, lui avec son gland énorme qui devenait boursouflé comme s'il avait été piqué par un essaim d'abeilles, ça me frottait sur tous les bords et, c'est bien simple, je pensais que le coeur allait m'arrêter de battre tellement j'aimais cette sensation merveilleuse. Ça me dilatait complètement et quand il arrivait tout au fond, il me donnait de légers coups qui me faisaient penser qu'il allait me défoncer et me rentrer ça jusqu'au coeur. Tu parles d'un «feeling»! Ça ne se décrit pas, non, on ne peut pas dire ce que ça fait comme sensation quand tu as l'impression d'être écartelée au maximum et que tu sais qu'il y en a encore plus à venir... Wow!

Dans le fond, je me rends compte maintenant qu'il n'y a pas grand-chose d'extraordinaire à dire sur ce sujet. On en voit tellement de toutes les sortes que, à la longue, ça prend vraiment un instrument hors de l'ordinaire pour qu'on s'en souvienne exactement. Il me vient des sortes de «flash» à ce sujet. Je revois quelques spécimens particulièrement intéressants et en feuilletant mon album-souvenir, je revois des instruments bien appétissants, mais je n'ai qu'une dizaine de photos semblables, pour vous dire que ça n'est quand même pas si répandu.

Pourtant, une photo me rappelle quelque chose de très particulier. Le bonhomme n'était pas particulièrement bien pris. Au contraire, je pourrais dire que c'était le moins bien pourvu de tous les clients que j'ai eus. Mais ça me rappelle une aventure pas mal extraordinaire qui m'est arrivée cette fois-là. Je pourrais intituler cette anecdote «le moins bien pris», et c'est une histoire tellement peu ordinaire que ça mérite que je vous la raconte en détail.

C'était... oui, je me souviens qu'il y avait eu des élections... oui, c'est Jos Clark qui avait été élu. Je m'en souviens maintenant parce que Madame qui fréquente des gens dont je parlerai plus loin est une femme qui ne parle jamais pour ne rien dire. Elle avait gagé avec presque toutes les filles que Trudeau perdrait ses élections. Nous autres, les niaiseuses, nous aurions mieux fait de ne pas nous ouvrir la trappe et de continuer à seulement ouvrir les jambes, parce que nous nous sommes fait avoir en maudit.

C'est à peu près à cette époque que Madame me

téléphone et me dit qu'elle a une job très spéciale qui me sera payée en triple. Je lui demande des détails, mais elle se contente de me dire que ce n'est pas dangereux, qu'il y aura un homme et une autre femme. «Une banale histoire de lesbienne» que je me dis avec une moue. Je sais bien que parfois j'aime ça coucher avec une femme, mais quand ce sont des clients qui fournissent la partenaire, on ne sait jamais sur qui on va tomber et moi, quand une fille n'est pas mon genre, je n'ai pas tellement envie de me l'envoyer.

Il faut que je me rende à une maison privée. C'est une ambassade, je ne vous dirai pas laquelle, évidemment. J'arrive là, un maître d'hôtel me fait entrer et, discrètement, me mène au troisième étage. J'entre dans une grande chambre et un homme s'avance vers moi. Il est petit, très gros et chauve. Très poli cependant et aucune trace d'accent étranger. Il me parle de choses et d'autres, me fait des tas de compliments et m'invite à prendre du champagne. Je ne vois toujours pas d'autre femme dans les parages et je me demande si ça rime à quelque chose toute cette histoire-là. Puis, de fil en aiguille, voilà mon bonhomme qui commence à déballer son sac. Je m'en souviens comme si c'était hier:

— Il vous arrive d'avoir des clients aux goûts particuliers, me dit-il (à peu près, je ne peux quand même pas jurer que ce sont ses propres paroles), eh bien! je suis un de ces clients. Mes goûts sont très, très particuliers, c'est pourquoi... étant donné ces goûts et ma... situation, j'insiste pour compter sur votre très grande discrétion!

Je lui jurai que j'étais muette comme la tombe.

Il alla à une porte dissimulée derrière une tenture et fit entrer... une petite fille. Je vous jure qu'elle ne devait pas avoir plus de douze ans. Elle était assez bien formée, mais j'en avais les yeux ronds. Tout de même, il les prenait pratiquement au berceau!

— Je suis un homme qui aime les vierges, reprit-il. Ça

me coûte très cher et le marché est... disons... très limité. Aussi, quand je peux me permettre cette fantaisie, je ne rate pas l'occasion. Malheureusement, continua-t-il, à cause d'une certaine malformation physique, je ne peux moi-même procéder à la défloration... ce sera là votre rôle, me dit-il. Et il prit une boîte plaquée or qu'il ouvrit et il sortit un dildo avec des lanières pour l'attacher autour des reins.

Tu parles! La petite, elle, n'avait pas l'air autrement effrayée de l'aventure. Je me demande même si sa maman ne l'attendait pas quelque part. Ça s'est déjà vu et plus souvent qu'on pense. Elle était vêtue d'un T-shirt pas mal douteux et d'une paire de jeans qui avait vu de meilleurs jours. Elle portait aux pieds des sandales style marocain. Ses petits seins ronds tendaient des pointes dodues qui saillaient sous le T-shirt. Elle était appétissante, mais je la trouvais pas mal jeune pour vouloir se mettre à me faire de la concurrence. Elle manquait visiblement de rondeurs. Le client, lui, se pourléchait les babines comme un renard qui va bouffer du poussin.

Il va chercher la petite, la prend par la main et l'attire vers le lit où elle s'assoit. Il se penche vers elle, caresse ses seins, glisse une main sous le T-shirt. La petite n'a pas l'air très intelligente puisqu'elle reste là, à le regarder dans les yeux, à mâcher sa gomme-balloune! Une débile, que je me dis. Une belle débile, mais débile quand même. Ça me fait tout drôle de participer à ça... Heureusement que l'argent n'a pas d'odeur et au tarif allongé par le bonhomme, je me dis qu'il ne faut pas se montrer trop «scrupuleuse». D'ailleurs je ne le suis pas.

Mais elle fait un geste pour le caresser et le client proteste soudain en lui disant de ne pas bouger. Je commence à comprendre qu'il a donné des instructions à tout le monde. Je m'approche et je regarde. Première expérience du genre... ça vaut la peine d'être vu! Il descend la fermeture éclair du jean sale et je vois une culotte rose avec de la dentelle. Le bonhomme en a les yeux qui lui sortent de la tête. Il la fait se lever et il lui enlève son chandail. Ses petits seins ronds tendent des têtes roses et le bonhomme se lèche les babines. Il les caresse, les pince, visiblement au comble de l'excitation. Il mordille les mamelons gonflés, descend le jean et insère ses mains aux doigts boudinés dans la petite culotte. La fillette ne bouge toujours pas, mais à son visage tout rouge, je vois que ça lui fait un sérieux effet.

Puis, il descend la petite culotte et la fillette est complètement nue. Le bonhomme se plaint et marmonne toutes sortes de choses que je ne comprends pas. Il pousse la fille sur le lit et elle s'étend, le souffle court. Si elle est vierge, je comprends que ça doit lui faire un sérieux effet cette séance de pelotage. Le bonhomme continue de lui baiser les seins, il lui murmure toutes sortes de compliments pendant que ses doigts lui ouvrent les cuisses. Elle n'a presque pas de poils et, de voir cette jeune chatte toute dodue et toute mouillée, ça me donne des envies que je ne me connaissais pas. Je ne suis pas du genre perverse, mais il est parfois des occasions où ça vous prend...

Il continue de la baiser, il descend sa bouche sur le ventre, je vois sa langue qui se promène sur le pubis couvert d'un tout léger duvet pendant qu'un doigt s'enfonce dans le sexe. Il se relève radieux: «Une vierge!» jubile-t-il. «Déshabillez-vous!» me dit-il. J'obéis, tout en ne perdant rien du spectacle. Sa bouche continue d'explorer tous les secrets de ce jeune corps et il a l'air d'avoir énormément de plaisir.

Puis, quand je suis nue, il se relève et fait signe à la petite de le suivre. Il la mène vers une table basse qu'il règle à la hauteur de mes hanches. Il prend le dildo, me l'attache autour des reins, se permet quelques caresses sur ma personne en passant et étend la petite devant moi, les jambes largement ouvertes. Le dildo est tellement gros comparé à cette petite chatte si étroite que je me demande si je ne vais pas lui faire horriblement mal. Il se montre d'ailleurs fort méticuleux puisqu'il répand sur le membre dur un onguent parfumé. Et il se déshabille à son tour. Quand il enlève son caleçon, je comprends tout: jamais de toute ma vie je n'ai vu un machin aussi petit, aussi minuscule. Un pouce de long et il était en érection, vous vous rendez compte? Je n'en revenais pas. Lui, il eut un sourire gêné et me dit: «Vous comprenez maintenant pourquoi je dois me payer certains plaisirs... particuliers?» Je comprenais en effet qu'il ne devait pas être capable de faire grand-chose avec ce truc si petit que ça relevait de l'infirmité.

Il s'agenouille tout près, le nez presque collé sur la chatte de la petite et me fait signe de débuter. Je m'approche, il prend le membre et le guide vers l'ouverture étroite. La petite se raidit. Elle a visiblement peur. Je la caresse doucement pour la calmer. Mes mains la rassurent et elle me lance un sourire figé. Je souris à mon tour et, doucement, mes doigts caressent son clitoris. Elle aime ça parce qu'aussitôt son souffle s'accélère. J'en profite pour presser un peu plus. Quand elle gémit, j'arrête. Je la caresse encore pendant que notre client se masturbe frénétiquement en nous lançant des murmures d'appréciation. Puis quand elle est à nouveau très excitée, je pousse plus loin. Petit à petit, l'instrument s'enfonce et, soudain, elle échappe un cri de douleur et le bonhomme tout énervé me dit de me retirer.

Le dildo est taché de sang. Lui se régale de ce spectacle et, aussitôt, il me repousse et s'agenouille devant la chatte ouverte et se met à la baiser furieusement. Puis quand la petite est à nouveau bien excitée, il se lève, se place entre ses jambes et d'un petit coup de reins, il l'enfonce dans l'ouverture étroite où il se met à jouir avec des gloussements de poule.

Malgré son instrument si petit, j'avoue que le bonhomme a de l'endurance parce qu'il poursuit pendant près d'une heure et éjacule à plusieurs reprises pendant que je caresse la petite et la laisse me caresser la chatte, comme pour se rassurer.

C'est en se confondant en remerciements que le client me pria de me rhabiller et de partir, me disant que le maître d'hôtel allait me remettre une enveloppe avec un supplément parce que je lui avais permis des plaisirs si intenses. Lui, il allait probablement continuer de s'amuser avec la petite qui manifestait déjà des talents qui allaient la mener très loin.

Ce fut ma seule expérience avec des gens aussi «mal pris» si je peux dire. Mais en feuilletant mon album, voilà que je suis tombée sur une photo très drôle qui me rappelle une autre occasion, fort cocasse celle-là.

C'était à un party chez un ingénieur qui venait de décrocher un très gros contrat avec le gouvernement. Je ne vous dirai pas comment il s'y était pris pour le décrocher, disons simplement que ce party était pour nous remercier, moi et d'autres filles, de lui avoir donné un sérieux coup de main. Nous étions tous nus comme des vers après avoir baisé, bu et mangé quand une fille que je ne connaissais pas se mit à se vanter qu'elle était capable de prendre les hommes les plus gros. Évidemment, nous nous sommes permis de douter de ses affirmations. J'ai déjà vu des hommes si bien emmanchés que ça prenait une entrée de métro pour les satisfaire. Mais elle, ouvrant les cuisses, elle tira sur ses lèvres pour montrer une ouverture qui n'avait rien à envier aux dites entrées de métro. C'est alors que l'ingénieur lui parie qu'il a un mâle chez lui qu'elle ne sera jamais capable de prendre. La fille qui a pas mal bu se défend, déclare qu'elle accepte le pari et que son mâle n'a qu'à bien se tenir parce qu'elle est capable de lui en faire voir de toutes les couleurs.

Je suis curieuse de voir de quel mâle il parle, le bonhomme. Il disparaît et revient quelques plus tard en traînant... un poney!

La fille en a perdu ses couleurs sur-le-champ, surtout que le poney, même s'il n'était pas haut sur pattes, vous avait un fameux instrument qui se balançait sous son ventre.

Les filles se sont mises à rigoler. L'«entrée de métro» venait de se faire avoir d'une belle façon. Mais nous n'avons plus ri quand elle a dit à l'ingénieur: «Si tu doubles ta gageure, tu vas voir que je suis capable de le prendre!» Nous lui avons dit de ne pas exagérer. Il y a gros et gros quand même.

Elle a insisté!

Après des discussions et des engueulades mémorables, la fille se place sur une table basse et on place le poney sur elle. Je vous jure que j'ai vu de mes yeux vu la fille prendre l'animal sans problèmes... L'ingénieur a été beau joueur et ça nous a permis de prendre des photos d'un événement mémorable. Et d'ailleurs, cette aventure m'a rappelé de ne jamais parler trop vite. J'en ai tellement vu de toutes sortes que je sais maintenant que dans le domaine du sexe, il n'y a vraiment rien d'impossible.!

CHAPITRE 6

LES PLUS BIZARRES

Je me suis longtemps demandé si je devais parler de mes clients «bizarres». D'abord parce que je ne savais vraiment pas ce que j'allais raconter et parce qu'un client «bizarre», ça n'existe vraiment pas. Les clients ont des goûts particuliers et ils paient pour les satisfaire. Peut-on dire de mon ambassadeur qu'il était bizarre? Pourquoi? Parce qu'il aimait les vierges? Je connais beaucoup d'hommes qui se paieraient bien une vierge si seulement il y en avait une de disponible. On peut mettre dans cette catégorie les sadiques ou les masochistes, mais, personnellement, je n'en ai jamais tellement rencontrés.

En fait, j'allais balancer ce chapitre et passer à autre chose quand, la semaine dernière, Madame R. m'invita à aller prendre le café chez elle. Quand une fille reçoit l'«invitation au café» comme on dit entre nous, c'est parce qu'il se trame quelque chose de pas mal spécial.

Mais, en fait, ce n'était rien de particulièrement

extraordinaire. Elle avait un vieil ami, me raconta-t-elle, lequel avait des goûts très spéciaux et comme Madame n'avait une confiance totale qu'en moi, elle voulait que je m'en occupe personnellement. Quand je lui demandai qui était ce vieil ami, elle prit bien son temps, hésita longuement et finit par me dire que c'était... son garçon! J'ai failli tomber en bas de ma chaise. Premièrement, je ne me doutais même pas qu'elle avait été mariée et encore moins qu'elle avait des enfants, alors vous imaginez ma surprise. J'ai compris qu'il valait mieux filer doux, comme on dit. Mais ça me faisait peur un peu et je décidai de le lui dire:

— Je ne veux pas vous choquer en vous disant ça, Madame, mais... je ne voudrais pas que votre garçon profite de ce que vous êtes la Madame pour... Vous comprenez ce que je veux dire?

Elle me regarda longtemps avec un air malheureux. Je ne comprenais pas. Puis elle me dit:

— Tu n'as pas à t'en faire avec ça. D'abord il sait que je ne lui permettrais jamais de faire mal à mes petites et, ensuite, il n'est pas comme ça. Ses goûts sont particuliers... Il aime ... (elle hésita encore longtemps, comme si elle ne pouvait admettre de tels goûts chez son garçon)... il aime la fessée.

— Bien si c'est rien que ça, vous auriez dû me le dire tout de suite.

— Bien si tu le prends comme ça, je ne m'inquiète pas. Tu sais, c'est mon fils unique, alors je voudrais tellement qu'il ... enfin, je ne veux pas qu'il devienne un bum ou un pimp. Mes filles, c'est une business pour moi. Il ne faut pas mêler le plaisir et le travail, alors je ne veux pas en faire une lavette qui va dépenser tout mon argent sans jamais lever le petit doigt. J'ai travaillé dur pour monter une bonne organisation et il va falloir qu'il fasse la même chose. Mais... disons que je veux lui faire un petit cadeau d'anniversaire. C'est pour ça aussi que je t'ai choisie. Je suis certaine qu'il ne le regrettera pas.

Ça m'étonnait que Madame R. prenne des gants blancs pour me demander une séance de fessée. J'en avais déjà fait plusieurs. D'ailleurs je connaissais un endroit à Montréal où les adeptes du S-M (le sado-masochisme pour les niaiseux) et du cuir se donnaient rendez-vous. Ils se faisaient des petits spectacles pas mal particuliers et, avec des copines, j'y étais souvent allée voir ce qu'ils faisaient. Les shows étaient pas mal «ketchup». Les sachets de sang et les hurlements, moi, à la longue, ça me tapait sur les nerfs, mais ça faisait «flyer» la salle, c'était pas possible. Peut-être que j'y avais rencontré le garçon de Madame R. sans le savoir? Probablement... surtout s'il était amateur de fessée.

Disons que c'est cette rencontre-là qui m'a donné la chance de retrouver quelques souvenirs pour parler de mes clients plus ou moins «bizarres».

Et puis, en cherchant bien, je me suis rappelé certains clients dont les goûts étaient pas mal particuliers. Je ne parle pas ici de l'ambassadeur et de ses petites filles, mais des hommes qui voulaient que je mette un dildo pour les prendre par «en arrière». Ils auraient mieux fait d'aller voir des homos, ceux-là. Je ne sais pas d'ailleurs pourquoi ils me payaient pour ça... Il y en a une maudite gang qui leur aurait fait la «job» pour beaucoup moins cher.

Un autre dont je me souviens tout à coup et qui me demandait de m'habiller en petite fille avec une robe de communiante, toute nue là-dessous et de me promener devant lui en lui montrant mes fesses. Lui, il se contentait de me parler, de faire des commentaires crus sur ma personne et il se masturbait.

Tiens, ça me fait penser à un bonhomme. Il était pas mal spécial. Ça me revient maintenant. C'est un vieux monsieur qui arrivait à mon appartement en limousine avec chauffeur. Vous auriez dû voir le show. Quelque chose de spécial. Il montait chez moi suivi de son chauffeur qui portait une grosse valise. Puis, avant de sonner à ma porte, le vieux monsieur (je crois qu'il était juge ou sénateur, quelque chose du genre) disait à son chauffeur de redescendre et d'aller l'attendre dans le stationnement. En fait, ses visites ne duraient jamais très, très longtemps. Il faut dire qu'à son âge ça ne prenait pas grand-chose pour le faire grimper dans les rideaux.

Vous voulez savoir ce qu'il avait dans sa valise, hein? Attendez! Un peu de patience! En fait, c'était vraiment un régulier. Il venait toutes les semaines, le même jour, à la même heure. Je pensais que sa femme devait aller quelque part ce jour-là, chez son coiffeur ou son confesseur, bref c'était son seul moment de liberté hors du foyer conjugal.

Un peu avant qu'il arrive, j'enfilais une robe à l'ancienne (c'est lui qui me l'avait offerte, d'ailleurs) et je devais me peigner les cheveux en gros chignon, à l'ancienne également. Sous ma robe, j'étais complètement nue, mais il n'y attachait pas tellement d'importance. Pourvu qu'il puisse satisfaire ses caprices, il n'était pas achalant... Pas comme certains autres que je connais, en tout cas.

Il m'appelait Béatrice. Ne me demandez pas pourquoi. Il me parlait toujours d'une façon très romantique, comme si j'étais sa blonde et que ça faisait longtemps qu'il ne m'avait pas vue. Puis, il me prenait galamment par la taille, m'entraînait dans ma chambre et me disait qu'il avait un cadeau pour moi. Il allait chercher sa valise, la posait sur le lit, me caressait les seins puis il ouvrait la fameuse valise. Elle était pleine... de souliers!

Oui, comme je vous dis, des souliers! Des paires de souliers à l'ancienne mode, vous savez, les bottines à boutons ou à lacets qui montaient jusqu'au dessus de la cheville? Il devait en avoir à peu près six paires différentes.

Il me demandait de m'asseoir. Je relevais alors mes

jupes de façon à lui laisser voir (comme par indiscrétion) mes cuisses nues et lui s'agenouillait devant moi et m'enfilait les paires de souliers. Il m'en faisait essayer une paire, me demandait de me promener dans la chambre en prenant des poses sexées, puis il me l'enlevait, la caressait, l'embrassait même (oui, je vous jure, je ne raconte pas de blagues) et puis il m'en faisait mettre une autre paire. Ce vieux fou-là avait fait faire ces paires de souliers à l'ancienne selon ma pointure par un cordonnier italien chez qui je l'avais accompagné. Le cordonnier devait d'ailleurs partager les manies du vieux parce qu'il était tout content de faire de tels souliers pour une «aussi jolie jeune demoiselle» avait-il dit.

Puis, quand j'en étais à la dernière paire, il s'asseyait sur le lit, ouvrait son pantalon pendant que je relevais mes jupes jusqu'aux genoux et que je paradais devant lui et il se masturbait. Je peux vous garantir qu'il en retirait énormément de plaisir. Garanti!

Puis, il replaçait précieusement les souliers dans la valise en les flattant et les caressant, quand il ne les embrassait pas à pleine bouche ou qu'il ne se fourrait pas le nez dedans, et puis il refermait sa valise, glissait une enveloppe dans mon corsage et me donnait un petit baiser sur le front en me demandant d'être sage pendant qu'il serait en voyage! Il partait et je n'en entendais plus parler jusqu'à la semaine suivante. C'était toujours le même scénario, semaine après semaine. Ça a duré pendant près d'une année, et un jour Madame R. m'a téléphoné pour me dire que mon vieux client, si galant, ajouta-t-elle (elle devait avoir un faible pour ses manières polies à l'ancienne mode), ne viendrait plus. Elle ne me dit rien d'autre. Peut-être était-il mort? Je crois qu'il devait avoir changé de partenaire, c'est tout. Cet homme devait avoir envie d'un peu de changement. Ça m'a fait un petit quelque chose. Je le trouvais tellement... tellement différent.

Dans le même genre, j'en ai eu plusieurs autres. Un entre autres qui me coupait une mèche de cheveux chaque fois qu'il venait. Il ne voulait rien d'autre que se caresser avec mes cheveux. Je l'ai mis à la porte, il était en train de me rendre chauve, ce dingue! D'ailleurs, il m'a fait toute une crise quand je lui ai dit que je ne pouvais plus le prendre. Notez d'ailleurs que le sperme est un excellent traitement pour reconditionner les cheveux. J'en ai eu une chevelure brillante et souple pendant des semaines après ça!!!

Mais ils ne sont pas tous aussi inoffensifs que ceux-là. Comment appelle-t-on cette manie? Ah oui, des fétichistes! C'est ça. En tout cas, avec les copines, on riait bien quand on se racontait ces histoires-là. Ça fait de drôles de clients et ça met du piquant dans la vie.

J'allais dire qu'ils ne sont pas tous aussi tranquilles que les fétichistes. Je me souviens, un soir, je ramasse un type dans le lobby d'un hôtel. Je travaille souvent dans les hôtels. On y frappe de bons clients et puis, surtout, ça se fait rapidement. Je n'aime pas recevoir à mon appartement, sauf quand c'est pour la nuit ou à tout le moins quelques heures. Pour les passes rapides, je préfère travailler sur place ou dans les bars, mais seulement les bars «respectables».

Le type m'invite à monter à sa chambre. Je me fais toute petite parce que, dans cet hôtel, le personnel est strict sur la question des «invitées de passage» comme moi. Ils voudraient sans doute se faire «tipper» mais ils sont tellement radins que j'aime autant ne pas leur donner une cenne noire. Dans certains hôtels, quand le commis à la réception est «compréhensif», je m'arrange pour lui donner sa part, parfois même en nature, mais quand ils sont mal foutus, comme dans cet hôtel-là, ils peuvent toujours aller se baiser.

Donc, je suis le type jusqu'à sa chambre et, rendus là, il me donne une paire de bottes de cuir et me dit de les enfiler.

Puis il sort un masque, en cuir également, et une sorte de corset qui laisse voir la chatte par une fente et qui s'arrête sous les seins. Je commence à me demander si je ne ferais pas mieux de m'éclipser discrètement car j'ai tout l'air d'être tombée sur un sado! Mais quand il voit mon hésitation, il me dit qu'il n'est pas sadique, mais qu'il aime se faire «monter»!

Je ne comprends pas très bien... alors il m'explique le topo. Je mets les bottes, le masque, le corset et je me sers de lui comme d'un cheval. Il s'imagine être un cheval et la maîtresse du cheval aime s'amuser avec son animal qu'elle préfère aux hommes. Il me raconte tout son charabia. J'ai presque envie de rire, mais après tout je me dis que ce n'est pas plus méchant que ça. Voilà que je me retire dans la salle de bains (il ne veut pas que je m'habille devant lui) et je passe les vêtements en cuir. Encore heureux qu'ils ne soient pas trop grands pour moi. Quant à l'espèce de corset, il est ajustable par du velcro à l'arrière. J'ai vraiment l'air terrifiante dans cet accoutrement et je me demande si mon client va me trouver très excitante.

Je sors de la salle de bains et c'est moi qui ai failli avoir peur! Mon fou était à quatre pattes devant la porte, avec une sorte de mors dans la bouche, des rênes sur les épaules et une petite selle attachée sur le dos. Oui, aussi vrai qu'il fait clair en plein jour, ce dingue-là s'était fait faire une petite selle en cuir avec des étriers et tout le kit et il s'était attaché ça sur le dos. Il poussait le réalisme pas mal loin, je trouvais. J'ai failli en mourir de rire et il a fallu que je me morde les lèvres pour pas me rouler par terre. Il n'aurait probablement pas aimé tellement ça.

J'embarque aussitôt sur le dos de mon malade qui se met à me promener à quatre pattes partout dans la chambre. Je lui donne des petits coups de fouet sur les fesses pour le faire aller plus vite alors qu'il marmonne un jargon incompréhensible. Et il est là à se promener comme un petit cheval à sa mémère. Je me sentais ridicule. Il avait l'air d'aimer ça en tout cas. Puis il me demande de le flatter et je suis toutes les directives qu'il m'a données avant que je me change. Je m'approche de lui, le lui donne un sucre, je mets du sucre sur ma chatte et il se met à lécher le sucre, vous voyez le genre.

Finalement, je m'étends sur le parquet et, toujours à quatre pattes, il se place sur moi et me prend férocement. Je me rends compte que toute cette petite séance l'a drôlement excité car il ne ménage pas ses énergies. Je continue à lui donner des petits coups de fouet en l'encourageant... Il avait un nom que je lui donnais. Enfin, c'était lui qui m'avait demandé de l'appeler comme ça... Un nom de cheval. Pour vrai... Ah oui! «Matador»! Tu parles! Complètement sonné le pauvre type. Mais il aimait ça puisqu'il m'a demandé d'y retourner le lendemain soir pour une autre séance.

À ce prix-là, je monterais à cheval tous les jours et même toute la journée si ça lui chante.

Mais je n'ai jamais accepté d'être ligotée. Ça, on ne sait jamais comment ça tourne et quand on est seule avec un client, allez donc savoir comment ça va aboutir, hein? J'en ai connu une qui s'était fait défigurer à coups de rasoir. Le type avait l'air de rien, un gars bien ordinaire. Elle avait accepté qu'il l'attachât aux montants du lit. Puis quand elle avait été immobilisée, il l'avait bâillonnée et là, le bal avait commencé. Il l'avait fouettée pour vrai avec une serviette mouillée. Ensuite il l'avait prise dans l'anus... et sans ménagements, je vous le garantis. Finalement, comme elle essayait de se débattre, il avait sorti un rasoir et lui avait taillé les joues et le front. Oh! pas profondément, mais assez pour que ça lui laisse de jolies cicatrices. Ça lui a coûté une petite fortune en chirurgie plastique et ça paraît encore. Le bonhomme, lui, avait disparu dans la brume. Je crois d'ailleurs qu'il a été arrêté plus tard par la police parce qu'il avait voulu s'attaquer à une petite jeune à coups de rasoir. Il doit être à l'asile à l'heure qu'il est.

Pourtant, j'ai eu quelques clients, dont un en particulier, qui me demandaient de les ligoter et de leur faire mal. Ils m'expliquaient d'abord ce qu'ils voulaient et, souvent, me laissaient agir à ma guise. Mais c'est difficile quand on ne trippe pas sur une affaire comme ça d'avoir des «idées». J'avais demandé à une copine qui trippait bien gros sur le cuir de me donner des tuyaux. Vous auriez dû entendre tout ce qu'elle m'avait raconté: les brûlures de cigarette, les morsures aux fesses et au pénis, des trucs dans l'anus, toutes sortes d'affaires du genre. Non, vraiment, je n'embarquais pas du tout là-dedans. Mais il y avait un jeu que j'aimais jouer: celui de la méchante «maman».

Je trouvais ça amusant. Ce n'était pas compliqué et c'était uniquement une affaire de fessée. Parfois avec les mains, mais plus souvent avec une palette de ping-pong par exemple ou une ceinture de cuir. Un type que j'ai eu comme client à quelques reprises, avait, à ce sujet, toute une histoire qu'il fallait respecter. Il était couché dans son lit et était supposé dormir quand je le surprenais à se masturber. Je le traitais de tous les noms, de petit vicieux, de cochon, etc. Alors, je le tournais sur le ventre, le couchais sur mes cuisses et lui donnais la fessée tout en continuant de l'insulter. Il faisait semblant de pleurer (je me demande même s'il ne pleurait pas pour vrai!!!). Puis quand il avait les fesses vraiment rougies, il tombait à genoux, me jurait qu'il ne serait plus désobéissant, qu'il ne serait plus un vilain garçon, qu'il ne recommencerait plus.

La grande finale, c'est que, attendrie par ses larmes et ses excuses, je le recouchais dans le lit et, comme si je regrettais de m'être montrée aussi dure, je me mettais à le caresser doucement en lui disant que sa maman l'aimait bien, qu'il était le petit garçon à sa maman, et d'autres niaiseries du genre. Je le masturbais tout en lui disant ça. Ce qu'il pouvait aimer ça, c'était pas possible. Je craignais qu'il arrache la toile du matelas tellement il se démenait comme un dingue quand il était sur le point de jouir. Oui, vraiment, pour être spécial, il l'était.

C'est d'ailleurs parce que j'avais eu de telles expériences que j'étais surprise de voir Madame R. mettre des gants blancs pour me proposer une soirée du genre. Peut-être pensait-elle que j'allais trouver ça cochon, surtout de la part de son garçon. Oui, en fait, je pense que c'était surtout ça qui la fatiguait énormément.

C'est drôle à dire, mais je me sentais plus à l'aise à jouer les sadiques avec des femmes. Peut-être parce que je n'appréhendais pas la façon dont ça allait tourner. Probablement. En tout cas, il m'est arrivé souvent d'avoir à jouer les «dames de cuir» avec d'autres femmes.

Une fois, j'en ai eu une de cet acabit. Une bonne femme bourrée de fric qui habitait une maison cossue à Ville Mont-Royal. Vous auriez dû lui voir la cabane. Quelque chose. Je ne vous dis que ça, mais c'était vraiment un château.

Elle avait toute une collection de dildos, de godemichés, de vibrateurs, toutes sortes de gadgets inimaginables qu'elle faisait venir de tous les coins du monde. Elle avait toute une collection de vieux pénis rembourrés qui venaient du Japon et certains, me disait-elle, étaient très vieux. Ça datait du XVe siècle qu'elle me disait. Mais j'avais de la misère à le croire. Une chose était certaine, elle en connaissait long sur le sujet. Elle avait un truc pas mal sensationnel (je m'en suis achetée un, d'ailleurs). C'est une sorte de chaise ou de balançoire, c'est difficile à expliquer. C'est fait avec des bandes de toile et ça s'accroche au plafond. La fille s'installe là-dedans, elle a une jambe passée dans une courroie et l'autre dans une autre courroie. On peut aussi lui attacher les bras si on le veut. Mais l'astuce, c'est que ça permet d'attacher la fille dans toutes sortes de positions pas mal extraordinaires. Moi, ça me faisait tripper ce truc-là.

Pour vous raconter les préférences de ma cliente,

disons qu'elle aimait ça se faire pénétrer de toutes les façons avec toutes sortes de gadgets. Elle n'avait pas une collection pour rien, je vous jure. Ils servaient à quelque chose ces machins-là.

Mais revenons à nos moutons, le garçon de Madame R., Sylvain. À vrai dire, j'avais toujours pensé qu'il était tapette même s'il se baladait avec des vestes de cuir et tout le kit. Je le rangeais dans la catégorie des «cuirettes». Ce qui fait que, ce soir-là, Sylvain vint à mon appartement. Madame R. m'avait mise au courant des préférences de son cher fiston et je savais ce que j'avais à faire.

Il sonne à la porte. Je vais ouvrir et je me tiens dans l'entrée, vêtue d'un jump-suit en cuir avec des bottes à talons hauts. Le jump-suit s'ouvre par une fermeture-éclair sur le devant. J'ai pris soin de l'ouvrir jusqu'au nombril de sorte que mes seins paraissent un peu sous mon vêtement. Il se tient là et il attend quand je lui dis:

— Qu'est-ce que tu veux, le petit bum?

— Je viens... Parce que... quelqu'un m'a envoyé!

— Je n'ai pas de temps à perdre avec des petits jeunes niaiseux comme toi. Crisse-moi ton camp!

Il reste planté là à me regarder d'un air de chien battu. Alors je l'agrippe par la chemise, je le tire en dedans et je le gifle deux ou trois fois:

— Tu veux avoir du nananne, hein? C'est ça, hein? Bien tu vas avoir du nananne, mon petit, mais il va falloir que tu paies pour... As-tu compris? À genoux!

Il se garroche à quatre pattes à terre et je lui dis de me suivre dans ma chambre en jouant les petits chiens. (J'ai un plaisir fou à voir le fils de Madame R. me suivre comme un toutou. Pauvre elle, elle doit enrager quand elle y pense!) Il me suit sans faire le moindre bruit. Puis, une fois dans la chambre, je prends une cravache et lui ordonne de se déshabiller. Il le fait et je lui dis de se tenir debout devant moi. Je me mets à me moquer de lui, à dire toutes sortes de méchancetés sur son pénis, son allure, ce qu'il a l'air. J'y vais avec beaucoup de coeur, je l'avoue. Je trouve ça tellement dégueulasse et con qu'un homme se conduise de cette façon, que je ne me gêne pas pour l'engueuler!

Je le fais embrasser mes bottes, je lui dis de les lécher et, après un bout de temps, le lui donne la permission de descendre la fermeture éclair de mon jump-suit. Il obéit avec des gestes tremblants. Il est clair qu'il a une furieuse envie de me voir toute nue, les yeux lui sortent de la tête. Mais je vais lui en donner pour son argent. Chaque fois qu'il fait un geste que je n'aime pas, clac!, un petit coup sur les fesses, histoire de lui rappeler qu'il est là pour obéir, pas pour s'amuser (tu parles!).

Finalement, je lui dis de rester à quatre pattes devant moi et je me tiens debout devant lui, toute nue, sauf pour les bottes de cuir. Je me caresse tout le corps en lui disant que s'il ne fait pas ce que je lui demande, il n'aura jamais rien de ce qu'il voit. Je m'approche la chatte de lui, je lui dis de me la baiser. Mais tout de suite avant, je le repousse du pied en lui disant qu'il n'est même pas capacle de donner du plaisir à une femme. Je le frappe sur les fesses, je m'assois à cheval sur lui en me frottant la chatte sur son dos, toujours en lui fouettant les fesses et, finalement, quand je vois qu'il est à bout, je me mets à genoux devant lui et lui presse la tête sur mon pubis. Il est tellement excité qu'il en bave le petit maudit.

Je le laisse faire pendant quelques instants, puis je m'étends sur le lit, je me caresse le sexe tout en lui ordonnant de me regarder parce que c'est tout ce qu'il va avoir. Puis, quand il n'en peut plus, je le fais venir sur le lit, je lui donne une bonne fessée pour avoir osé avoir une érection sans que je le lui aie permis. C'est en se tortillant sur mes cuisses qu'il jouit. Alors, encore une fois pour le punir, je lui ordonne de me faire jouir avec sa bouche. Et ainsi de suite... À vrai dire, ce soir-là, je me suis découvert des talents de comédienne que je ne me connaissais pas.

Quand le petit est parti, il avait les jambes comme de la guénille et il était blême comme un drap. Il avait l'air d'avoir aimé ça. En tout cas, le lendemain matin, il était à peu près neuf heures (en pleine nuit pour moi) quand Madame R. m'a téléphoné pour me remercier. Elle avait l'air aux oiseaux!

— Je ne sais pas ce que tu lui as fait, ma petite, mais il est en amour par-dessus la tête. Il veut même te présenter à ses copains... En tout cas, je te revaudrai ça!

Personnellement, je n'avais pas envie de rencontrer ses petits copains. Une soirée comme ça de temps en temps, une fois par année si possible, ça me suffit amplement. Non, vraiment, je ne trippe pas du tout dans ce genre de feeling-là!

C'est drôle comme la plupart des gens ont des bibites pas toujours ragoûtantes. Comme ce gars qui me couvrait de crème fouettée de la tête aux pieds et qui s'amusait à me lécher comme ça. Il devait avoir une fameuse indigestion. Un autre voulait que je me couche sur mon lit, comme si j'étais morte, avec les cierges aux côtés du lit, comme un catafalque. Il s'imaginait faire l'amour à une morte! Non mais...! Faut pas être piqué rien qu'un peu, non? Ça ne me surprendrait pas si ce gars-là s'était fait ramasser pour avoir déterré une morte...! C'était en plein son genre.

Je m'aperçois que je n'aurai pas tellement de difficultés à passer à travers ce petit chapitre-là. En commençant, je me demandais bien ce que j'allais écrire, mais je m'aperçois que ça vient joliment facilement. Peut-être trop! J'ai peut-être eu trop de clients «bizarres» ces derniers temps. Il va falloir que je me surveille pour ne pas finir comme eux.

Il y en avait même un qui aimait s'habiller en femme. Il arrivait à mon appartement tout travesti. Moi, je le recevais habillée en homme, avec un dildo attaché à mes hanches. Il se faisait passer pour une représentante de quelque chose... Je l'invitais à entrer et mon rôle, c'était de le/la violer! Ça paraît que c'était une idée d'homme. Une femme saine d'esprit ne penserait jamais à se faire violer.

Un autre était obsédé par les petites filles. Il n'était pas aussi dangereux que mon fameux ambassadeur, mais quand il partait, j'étais contente qu'il y ait des filles comme moi pour satisfaire les manies bizarres de ce gars-là. Je frissonnais rien qu'à penser à ce qu'il pourrait faire si un jour il décidait de s'attaquer à une vraie petite fille.

Il voulait que je me rase la chatte. À vrai dire, il m'a donné un tel pourboire d'extra une fois que j'ai accepté de le faire. Mais la plupart des hommes aiment une chatte poilue, alors je l'ai laissée repousser. Mais, cette fois-là, il est venu quatre fois de suite. Ça a dû lui coûter une fortune cette semaine-là, quatre jours de suite, il faut le faire. Il voulait prendre des photos, mais j'ai refusé. C'est un genre de publicité dont je peux me passer. On ne sait jamais dans quelles mains ça va tomber ces photos-là. Un flic un peu trop curieux, des fois...

Pour en revenir à ce client particulier, parfois il me faisait peur. Tellement qu'un jour, j'avais demandé à un copain (genre costaud) de se tenir à la porte de l'appartement au cas où... Il me faisait vraiment peur pas moments. Quand il me faisait mettre des vêtements de petite fille, il me faisait me promener dans la chambre et il me parlait d'un air tellement maniaque que j'avais peur. Je ne sais pas s'il le faisait exprès et si ça l'excitait encore plus de voir qu'il me faisait peur, mis je vous jure que je n'avais pas envie de rencontrer ce gars-là toute seule un soir au coin d'une rue. De toute façon, il aimait rien que les petites filles...

Un vrai malade!

Bien oui, à relire tout ça, je me rends compte que j'ai eu

une belle brochette de cinglés parmi mes clients. Mais que voulez-vous, on ne les choisit pas, n'est-ce pas? Et s'ils étaient tous parfaitement normaux, la vie serait peut-être bien plate. Des fois, je repense à mon vieux juge (ou sénateur, je ne le sais toujours pas) et je me demande quel plaisir il pouvait avoir de me voir me promener avec des vieilles bottines aux pieds.

Tiens! Au chapitre des bizarres, il me revient une histoire assez... «bizarre»! Celle de la bonne femme qui m'avait engagée pour «déniaiser» son garçon (qu'elle disait)... Ça c'était pas mal particulier. Non, je préfère vous en parler ailleurs, j'en ai eu souvent des aventures de ce genre.

Le jeune Sylvain a demandé à sa mère de lui organiser un autre rendez-vous pour le lendemain soir. Il veut que je suive le même scénario sans rien changer. Il dit qu'il a «flippé à mort» et que ses copains sont prêts à m'engager. Il peut m'emmener bien de la clientèle... À vrai dire, j'ai accepté qu'il revienne... Après tout, c'est le fils unique de Madame R. En fait de relations, on peut difficilement avoir mieux, surtout qu'elle l'adore comme la prunelle de ses yeux... Mais pour ce qui est de ses copains, je lui ai dit que je préférais avoir un bon client, comme lui, et ne pas me spécialiser dans ce domaine, que je n'en ai pas le temps... Peut-être plus tard, que je lui ai dit! C'est vrai que ça ne me tente pas tellement. Par contre, si le petit a beaucoup de copains, au tarif que je vais chercher, ça représente un maudit bon revenu. Ces piqués-là, quand ça tombe sur un filon, ça ne lâche pas facilement... Peut-être que je devrais y penser à deux fois avant de dire non... On verra bien!

Moi, la cuirette, c'est pas tellement mon genre! J'ai toujours l'impression qu'on ne sait pas trop si on joue un jeu ou non. Et ça, ça me met mal à l'aise!

Chapitre 7

VOYEURS ET VOYEUSES

Il faut vraiment le voir pour le croire. C'est pas possible comme il y en a une maudite gang qui aiment mieux regarder qu'agir. Si je vous dis ça, c'est parce qu'en repensant aux «bizarres» que j'avais connus dans ma... carrière, je me rappelais une bonne femme qui m'avait payée pour déniaiser son garçon. Et n'allez pas croire que ce genre de client est rare. Au contraire, je dirais qu'il est joliment fréquent.

Il y a des hommes aussi qui paient pour voir une fille passer un client; mais chez les hommes, ce qu'ils aiment encore plus c'est de voir un show de lesbiennes. Madame en organisait souvent. On ramassait sept ou huit clients, ils s'installaient dans une petite pièce sombre et un des murs était fait d'un gigantesque miroir qui permettait de voir dans la chambre à côté. Évidemment, dans la pièce d'à côté, il faut pas être diplômé d'université pour savoir ce qui se passait...

Mon fameux ambassadeur (celui-là, je ne suis pas prête de l'oublier) était aussi un voyeur dans son genre. En fait, quand j'y pense comme il faut, je me rends compte que les voyeurs puis les voyeuses, il en pleut! Tout le monde est plus ou moins voyeur, d'après ce que j'ai pu constater. Ça ne me surprend pas tellement quand on constate que les revues de fesses se vendent tellement. Maintenant, avec les vidéos, ça marche en grand les affaires de cul, je vous en passe un papier. Il y en a une bonne gang qui aiment mieux regarder, se rincer l'oeil. Allez faire un tour dans les clubs de topless, vous allez voir que les filles ne craignent pas le chômage! Ce serait plutôt le contraire.

En tout cas, pour ce genre de clientèle, je ne peux pas dire que c'est très forçant, quoique... souvent, ils en veulent pour leur argent et ils ont des exigences pas très courantes. Je vous en parlerai dans un autre chapitre de ces clients particulièrement cochons. Pour décrire les voyeurs, disons que c'est pas mal souvent le même genre de choses qu'ils demandent, à part ceux dont je vous parlerai plus loin, bien sûr.

La femme qui voulait dépuceler son fiston chéri, ça c'est un genre pas mal courant. Je m'en souviens comme si c'était hier parce que cette bonne femme-là était ma première cliente du genre. J'en ai pogné pas mal d'autres par la suite, comme cette gang de joueuses de bridge qui avaient organisé un petit party intime pour se rincer l'oeil. Je vous en ai déjà parlé...

Ça vaut la peine d'être raconté. Ce n'était pas une bonne femme qui avait des tonnes d'argent, je crois, quoique c'est toujours difficile à dire parfois. Il y en a qui en ont de collé et ça ne paraît pas du tout, tandis que d'autres sont sur la paille et on dirait qu'ils sont milliardaires. Les apparences... hein?

C'était une maison de la banlieue. J'arrive là vers les

neuf heures le soir, je m'en souviens parce qu'il pleuvait à boire debout et ma bagnole avait un problème de distributeur... ce qui fait que j'ai été obligée d'arrêter au garage pour faire changer le maudit cap fêlé. Ça m'avait mise en retard...

Mais je finis par y arriver. Je sonne et une grosse bonne femme à l'air rigolaude vient m'ouvrir. Je me présente. Elle me reçoit comme si j'étais de la parenté qu'elle n'avait pas vue depuis des années. Je me sentais toute drôle. Je n'ai pas l'habitude d'être reçue avec le tapis rouge même si, d'habitude, on est bien content de me voir la face. Passons!

Elle m'installe au salon, me sert un verre de scotch, se met à jaser avec moi, me donne tout de suite une enveloppe avec le tarif prévu, puis me dit qu'elle veut faire un beau cadeau à son garçon. C'est drôle, des fois, les idées que le monde a dans la tête. On n'aurait jamais pensé ça de cette femme-là. Mais des fois... D'ailleurs, je vais dire comme l'autre, si tous les bandits avaient des faces de bandits, on n'aurait pas besoin de la police, hein?

Cette femme-là, je lui aurais donné le bon Dieu sans confession, comme on dit. Mais elle avait les idées pas mal bizarres. Tout ça pour dire qu'elle veut faire un beau cadeau à son fiston et qu'elle compte sur moi pour lui en mettre... plein la vue. Elle prend la peine de me dire aussi qu'elle désire prendre quelques photos de l'événement. Là, je rechigne. Des photos, je ne suis pas pour ça... je ne sais pas pourquoi, mais elle a l'air de tenir tellement à ces photos «souvenir» que, finalement, je cède. Mais ça me reste en travers du gosier, jusqu'à ce qu'elle me dise que si les photos sont de son goût, elle va même me verser un 25 pour cent de plus. Un argument solide! Une offre que je ne peux refuser, comme dirait le «parrain»!

Finalement, elle sort de la pièce et revient quelques minutes plus tard avec le «fiston» en question. Je m'attendais à voir un petit lunetteux la face pleine de boutons, trop niaiseux pour se trouver une blonde, mais non... Elle revient avec un gars, rouge comme une pivoine (je l'comprends un peu, c'est gênant de baiser pour la première fois devant sa mère), il est blond avec de beaux grands yeux bleus et il se tient tout de travers... Il n'est pas vieux d'ailleurs, à peu près quatorze ou quinze ans, certainement pas plus. Je trouve ça amusant de penser que je vais initier ce jeune puceau. Ça me donne des petits chatouillements dans la chatte. Oui, je pense que la soirée va être pas mal agréable.

Il s'appelle Mario, le charmant petit. Je me dis en moi-même: «Attends un peu, toi, tu vas voir ce que tu vas voir...!» Je donne le signal du départ. La femme est tout énervée, elle rit d'un drôle de petit rire tandis qu'elle monte l'escalier pour nous conduire à la «suite nuptiale». Pauvre Mario, il était tout croche. Mais vraiment tout croche. Il n'osait même pas me regarder dans les yeux. Ça ne me dérangeait pas une miette. De toute façon, j'allais lui en montrer tellement qu'il n'aurait pas le temps de me regarder dans les yeux.

Bon, pour faire d'une histoire longue une histoire courte, je m'approche du jeune, je me mets à lui parler doucement, histoire de le décongeler un peu tellement il était pogné dans un pain, puis je l'embrasse. Pauvre petit, il est vraiment raide comme une barre de fer. Alors je glisse une main doucement dans son dos, sur ses fesses, puis je la ramène sur le devant. Il est déjà tout excité. Je comprends. Ma première fois, moi aussi j'étais joliment excitée.

Une chance, «maman» se fait toute petite et on ne l'entend même pas. Elle doit être joliment occupée à prendre des photos ou bien c'est peut-être un film qu'elle prend... de toute façon.

Puis, tranquillement, à mesure que ma langue caresse ses lèvres et sa langue, je le sens qui se laisse aller un peu. J'ai une jambe entre les siennes et je presse doucement la bosse que fait son membre durci. Il commence à aimer ça, le petit.

Il est à peu près temps... Puis je glisse les mains sous son maillot de corps. Il me serre encore plus contre lui et c'est sa langue qui envahit ma bouche. Il commence à comprendre. Dans le fond, je me dis que la petite soirée peut être pas mal plus agréable que je ne le croyais. On ne peut jamais dire avec cette job-là!...

Je le sens frissonner sous mes doigts. Son coeur bat très rapidement. Mais je n'ai pas envie de le faire grimper aux rideaux tout de suite. Je recule, histoire de lui laisser le temps de reprendre son souffle et je commence à déboutonner ma blouse. Je porte un soutien-gorge en dentelle noire qui laisse voir les mamelons. Très excitant pour les mâles ce soutien-gorge-là. Le jeune en a la bouche ouverte de désir. Il en bave... «Attends! Tu n'as pas fini avec moi!»

Puis c'est ma jupe que je laisse tomber, mes souliers vont rejoindre mes vêtements et, tranquillement, je m'assis sur le bord du lit pour enlever mes bas. Fiston ne perd pas un geste de mon strip-tease. Il voudrait en voir plus tout de suite, mais j'aime mieux le taquiner un peu. Une première fois, ça ne se présente pas souvent dans la vie, alors aussi bien mettre le paquet pour qu'il s'en souvienne. Et puis, il me plaît bien ce petit. Il a l'air tellement angélique, tellement innocent... Il ne le restera pas longtemps.

En petite culotte et en soutien-gorge, je m'approche et le prends dans mes bras. Il se colle contre moi comme une sangsue, il cherche ma bouche et moi, doucement, je descends la fermeture éclair de son pantalon et je glisse une main à l'intérieur. J'entends le ronronnement de la ciné-caméra. Maman est à l'oeuvre pour immortaliser ces doux moments!

Je soulève le maillot, le force à lever les bras et le lui enlève. Mes lèvres glissent sur sa poitrine. Je m'amuse à lui sucer les mamelons. C'est drôle l'effet que ça fait chez un homme quand on se met à lui lécher les mamelons comme ça. Ils disent tout le temps que ça ne leur fait rien, mais vous devriez voir les réactions. Puis, je me laisse tomber à genoux et ma bouche descend sur son ventre. Il en râle. Il m'écrase la face sur son ventre, il se cambre.. Je n'aurai pas de misère à le faire hurler, celui-là. Il va rêver de moi pendant des années, je m'en rends compte.

Je glisse les doigts sous la bande élastique du caleçon, sur ses cuisses, puis je lui caresse doucement les fesses. Ma bouche descend toujours (oh, rien qu'à me rappeler cette soirée-là, ça m'excite...). Je sens son odeur forte. Ça ajoute un petit quelque chose. Son membre durci se colle sur mon visage. Il se doute de ce qui l'attend et il a drôlement hâte. Puis je recule la tête et lui enlève son caleçon. Il a un beau morceau, le jeune. Pas tellement gros, mais très joli, bien fait, appétissant. J'entends la maman qui glousse de plaisir de son poste d'observation. Elle a l'air d'avoir beaucoup de plaisir.

Mes doigts remontent sur les jambes du petiot. Il a de la misère à se tenir debout tellement tout l'enivre. Alors je le pousse sur le lit, jambes ouvertes et puis..., la suite, ai-je vraiment besoin de vous la décrire?...

Mais je ne voulais pas le faire jouir tout de suite, en premier, puis après j'ai changé de programme. Je me suis mise à le caresser et bang! Voilà mon jeune client qui se met à se démener en criant comme un fou. Wow! Il en avait dedans le petit. Ça ne faisait que commancer... Quand il s'est calmé un peu, je me suis levée et, devant lui, j'ai continué mon petit strip-tease que j'avais commencé plus tôt. Mais en y allant à fond, si je peux dire. Il reprenait ses forces rapidement. C'est vrai qu'à cet âge-là, ça peut faire l'amour six ou sept fois de suite. On dirait qu'ils ont la bitte en acier. Quand j'ai enlevé ma petite culotte, j'ai grimpé sur le lit, je me suis tenue debout au-dessus de son visage pour qu'il voie clairement tout ce qu'il allait pouvoir goûter et là, je me suis caressée, j'ouvrais mon sexe pour l'initier aux «mystères» féminins. Il en râlait, le pôvre!

Le plus drôle de toute l'histoire, c'est quand, à la fin de notre petite séance, la maman s'est approchée et m'a demandé de lui donner un peu de vigueur encore avec ma bouche. Le jeune ne disait pas non, même s'il commençait à être joliment blême. Alors je l'ai encore caressé. Ça a pris un petit plus de temps, mais ça venait tranquillement et quand il a exhibé une érection satisfaisante, qui est-ce qui arrive en marmonnant comme une dingue? La maman, flambant nue, qui se précipite sur son fiston chéri et lui dit que, cette fois-là, c'est pour sa maman chérie ce joli morceau dodu! Je ne m'attendais certainement pas à celle-là... mais je crois que j'ai fait plaisir à la maman si amoureuse de son fiston puisque, pour le plaisir de la chose, j'ai filmé la scène avec la caméra abandonnée sur le bureau. Je suis certaine que quand elle a regardé le film par la suite, elle dut en avoir des palpitations de se voir étendue sur son fiston en train de profiter de ses leçons particulières.

C'était la première fois que je voyais une mère aussi... affectueuse! Ça me changeait des bonnes femmes qui n'ont que des taloches à distribuer à leurs enfants. Faites l'amour, pas la guerre, hein?

Mais les voyeurs et les voyeuses se font de plus en plus rares. Il ne faut pas se surprendre. Au prix qu'on vend les vidéos maintenant, n'importe qui peut acheter un bon film porno pour une cinquantaine de dollars. Évidemment, vous allez me dire que ce n'est pas du tout la même chose que d'avoir le spectacle «live» à trois pouces des narines. Bien sûr! Mais on y pense à deux fois avant de se payer une fille qui va chercher dans les cent dollars multipliés par plusieurs fois... Cinquante douilles, c'est pas mal moins cher et on peut le regarder plusieurs fois de suite si le coeur nous en dit!

En fait, la plupart du temps, les habitués demandent des affaires pas mal spéciales. Comme une copine, Diane, qui se spécialise dans les... animaux! Elle fait de l'argent comme de l'eau en faisant des petits shows privés avec un chien ou n'importe quoi. Moi je trouve qu'il faut vraiment être cochonne pour faire ça, mais je connais des tas de bonnes femmes qui adorent se faire faire minette par leur gentil petit toutou. Ce n'est pas pour rien que les ventes de chiens «dressés» sont tellement florissantes. Il ne faut quand même pas me faire croire qu'un poméranien, on achète ça comme chien de garde. Mon oeil, oui! De voir les bonnes femmes dorloter leur caniche ou leur bibite à pattes, ça me fait penser à bien d'autres choses. Diane, elle, aime ça. Chacun ses goûts.

Une fois j'ai travaillé avec elle. Elle le faisait avec un berger allemand. Moi, j'étais là pour les mâles à deux pattes seulement. Ils étaient quatre, si je me souviens bien. Des hommes d'affaires qui venaient de l'extérieur de la ville et qui voulaient se payer un week-end de fesses. Ils en ont eu pour leur argent en tout cas, même si ça leur a coûté toute une galette!

J'ai eu un type, une fois, qui voulait voir un petit party à trois. Moi, sa fille et son fils. Lui, il regardait et se masturbait. J'ignore si c'étaient vraiment ses enfants, mais ils avaient un air de famille. On ne devait pas s'ennuyer souvent dans cette famille-là.

Une fois, j'ai été engagée pour initier un tout jeune garçon, il avait onze ans, je crois. Mais il était pris comme un cheval. C'était à peine croyable de voir ce machin-là. Il allait avoir beaucoup de succès plus tard, d'autant qu'il était dans le vicieux rare. Ouais, il avait vraiment de l'avenir devant lui.

Mais comme je l'ai déjà dit, ce sont surtout les shows de lesbiennes qui pognent bien gros avec les voyeurs et les voyeuses. Il y a beaucoup de femmes qui aiment ça voir deux autres filles faire l'amour ensemble. Ce n'est pas si rare qu'on pense. Mais, plus souvent qu'autrement, elles vont se mettre trois ou quatre ensemble et se payer deux «étalons» pour leur faire un bon show. Je connais des gars «bien pris» qui dansent dans des clubs et qui se font des à-côtés pas mal intéressants avec des clients qui veulent les «voir» de plus près dans l'intimité. Trois ou quatre filles vont payer le gars, ou deux gars, ça dépend, pour leur faire un show privé et je n'ai pas besoin de vous dire de quelle façon la soirée finit.

En parlant de show de lesbiennes, ça me rappelle une affaire qui s'est passée à Québec. Nous étions montées quatre filles ensemble à cause d'un congrès pas mal important d'un parti politique (ne me demandez donc pas lequel, de toute façon, pour moi, la politique c'est toujours du pareil au même, provincial, fédéral, municipal, international, tout ce que vous voudrez). Nous avions accroché pas mal, mais tout ce que nous poignions, c'était des types qui voulaient des shows de lesbiennes. J'étais dans l'écoeurée pas mal. Je commençais d'ailleurs à me demander si ces gars-là se doutaient qu'ils avaient quelque chose dans leur culotte et que ça pouvait servir à faire autre chose qu'à se branler. Remarquez que tant qu'on me paie pour une job, je fais la job et je la ferme, mais franchement... jouer aux lesbiennes toute une fin de semaine de temps, ça commence à être long quand tu as envie de te mettre quelque chose de plus solide sous la dent. Moi, deux filles ensemble, j'aime ça quand je décide de prendre une couple de jours «off» et de me changer les idées. J'ai des amies qui adorent les femmes et qui sont joliment bonnes. C'est elles que je prends. Je ne me garroche pas à cruiser les bars de lesbiennes ou à ramasser des *straights!*

J'en ai eu pas mal aussi qui aimaient voir une fille se faire plaisir, se masturber. Ils s'installaient au pied du lit, regardaient le petit strip-tease puis se branlaient pendant que je m'étendais sur le dos et que je me donnais du plaisir avec toutes sortes de machins. Vibrateurs, dildos, godemichés, tout ce que vous voudrez, ils me payaient pour que j'essaie toutes sortes de trucs. Il y en a qui aiment bien voir une fille se remplir avec des trucs pas mal bizarres. Je me souviens d'un bonhomme dans le bizarre all right qui voulait que je me masturbe avec un crucifix. Il avait patenté un bout du crucifix pour que ça ressemble à un pénis et ça le faisait capoter de me voir jouir avec ça entre les jambes. Pour moi, ça devait être un défroqué qui en avait gros sur le coeur contre la religion. Autrement, je ne peux vraiment pas voir.

Si je compare entre les deux, je dois dire que ce sont les femmes qui sont les plus vicieuses. Il ne faut pas se fier aux apparences, je vous l'ai déjà dit. Ce n'est pas parce qu'une femme ne passe pas son temps à parler de cul qu'elle n'a pas des petites idées en tête.

J'ai eu une femme une fois qui voulait que j'apprenne à sa fille de seize ans tous les trucs des lesbiennes. Remarquez que je ne les connais pas tous, mais on fait semblant. La femme vous avait une chatte large comme ça ne se peut pas. Tellement, d'ailleurs, qu'elle m'a demandé de la remplir, vous savez avec quoi?... avec mon poing! Oui, mon poing. Je sais que ça se fait souvent chez les vraies de vraies, mais moi, je n'avais jamais eu l'occasion de le faire encore. C'est tout un *feeling*. Chose certaine, je ne suis pas encore assez «large» pour faire ça, je fendrais en deux c'est sûr.

La petite, elle, si je me souviens bien, était pas mal bien faite. Je me rappelle qu'elle avait la chatte rasée. J'aime ça une chatte rasée. Si les clients n'aimaient pas tellement le poil, je pense que je l'aurais toujours rasée.. Je ne sais pas, il me semble que ça rend les choses tellement plus sensuelles. On voit plus clairement tout ce qui se passe. C'est mon petit côté voyeuse à moi aussi, ça!

Chez les voyeurs, il faut dire que j'ai eu aussi pas mal de cas «spéciaux». Une femme qui avait paralysé à la suite d'un accident et qui ne pouvait plus rien sentir... voulait me voir faire l'amour avec son mari. Elle disait: «Si je ne peux pas lui en donner moi-même, ça ne veut pas dire que j'aime pas le voir heureux!» En tout cas, à lui payer des filles comme moi, elle devait le rendre encore plus heureux que quand elle était capable de baiser, celle-là.

Il y a beaucoup de personnes qui ont des difformités ou des infirmités qui paient nos services. Je me rappelle un bossu qui aimait ça quand je me caressais la chatte sur sa bosse. Il avait beaucoup de plaisir. Moi, ça me faisait rigoler. Frotter la bosse d'un bossu, il paraît que ça porte chance. Vous n'avez jamais entendu l'expression «chanceux comme un bossu»?

Mais un cas bizarre que j'ai eu une fois, si je me souviens bien ça doit faire quelque chose comme deux ans de ça, c'est une bonne femme qui m'avait payée pour coucher avec son garçon parce qu'il était aux hommes et elle voulait le tourner aux femmes. Je dois dire que je n'ai pas eu un gros succès. Le gars était vraiment aux hommes et il ne voulait rien savoir des femmes. Je me souviens que sa mère l'avait attaché au lit pour le forcer à se laisser caresser. Je trouvais ça un peu dégueulasse. La mère aurait dû se faire soigner au lieu de vouloir changer les préférences de son gars. Après tout, c'était de ses affaires s'il aimait mieux les hommes.

En feuilletant un vieil agenda de rendez-vous, je remarque la mention: «le club des fauteuils roulants». Pis ça me revient maintenant. En fait de voyeurs, j'en avais une belle gang là. Attendez que je me souvienne... Oui, c'était une sorte d'enterrement de vie de garçon ou quelque chose du genre. Ils étaient six ou sept, tous en fauteuil roulant, qui voulaient se faire faire un bon show de lesbiennes et puis se faire passer après par les filles. Le plus drôle, c'est qu'ils avaient emmené une fille, en fauteuil roulant elle aussi, dans la pièce où ils étaient. Elle ne se doutait de rien, la fille, mais quand elle nous a vues arriver, elle a compris que nous n'étions pas là pour dire la messe.

Je ne me rappelle pas si la fille était restée. Tout ce dont je me souviens, c'est que j'étais avec Lyse, une fille pas mal le fun qui ne dit jamais non et qui aime ça s'envoyer en l'air avec une autre fille. Je ne sais pas pourquoi, mais je me souviens qu'elle trouvait qu'ils faisaient pitié ces gars-là et elle avait voulu en remettrre. Moi, je n'avais pas envie de faire d'extra pour rien, mais elle m'avait tellement réchauffée que je n'avais pas pu faire autrement. Je pense que l'affaire avait duré pratiquement toute la nuit, je ne me souviens plus tellement. Mais ce qui m'avait frappée, c'était de voir tous les fauteuils roulants autour du lit pendant que Lyse et moi nous nous en donnions comme pour un film porno. Les gars étaient capables de la lever, ça, je n'ai jamais réussi à comprendre commant ça se faisait. Quand tu es paralysé, tu n'es pas paralysé de là aussi? Ne me demandez pas de vous expliquer ça, je ne suis pas docteur, moi.

Les pires voyeurs, par exemple, ce sont les p'tits vieux. Ceux-là, quand ils ont les moyens surtout, ils sont vicieux comme dix. Ce n'est pas possible de voir tout ce qu'ils vont inventer pour s'exciter. Ils ne sont peut-être plus capables de la lever, mais dans leur tête c'est comme s'ils étaient encore capables d'en prendre vingt dans la même nuit. J'appelle ça avoir les yeux plus grands que la pine! Mais, des fois, ils ont des idées drôlement cochonnes et pas mal amusantes.

Je m'en souviens, j'avais été engagée par un vieux comme ça, qui avait préparé tout un scénario. Un party à trois pour lui et sa blonde. Je les revois encore, assis bien sagement dans un coin de la chambre et puis le vieux, les culottes à terre, qui baisait sa blonde (elle était dans la quarantaine avancée) pendant que j'étais avec un couple et que nous nous envoyions en l'air.

Je me rappelle surtout l'autre fille. C'était une négresse

belle à mort. Une mûlatre, je pense, parce qu'elle avait le teint pas mal chocolat au lait. Une vraie beauté. Je ne sais pas ce qu'elle faisait dans cette maison-là, mais elle devait faire la piastre certain. Moi, je l'aurais engagée n'importe quand. Elle avait de l'or dans le corps celle-là.

L'affaire était pas compliquée, je faisais semblant d'être la maîtresse de maison, j'étais couchée dans le lit, la négresse jouait la bonne à tout faire (elle faisait vraiment tout), elle arrivait, elle se mettait à me caresser puis elle me faisait jouir. Je la déshabillais, je la faisais jouir à son tour, on s'amusait avec des vibrateurs et puis, comme par hasard, le maître d'hôtel arrivait, nous surprenait en train de nous faire un soixante-neuf et il se déshabillait pour nous rejoindre dans le lit. Nous nous l'envoyions l'une après l'autre et nous continuions à improviser sur le même sujet jusqu'à ce que le vieux trouve assez de force pour planter sa blonde.

J'y suis allée trois ou quatre fois si je me souviens bien. Il devait aimer le changement pas mal parce que j'en ai connu deux autres qui sont allées chez ce vieux-là à plusieurs reprises aussi.

Une fois aussi, celle-là, elle est drôle, j'avais été engagée par un bonhomme pour faire l'amour avec lui et sa femme. Le plus drôle de l'affaire, c'est qu'ils étaient infirmes tous les deux. Ils n'avaient pas de bras ni l'un ni l'autre. Évidemment, ils se débrouillaient avec des membres artificiels pour faire les trucs ordinaires, mais pour faire l'amour, qu'ils disaient, ils se trouvaient toujours une fille pour les caresser pendant qu'ils faisaient l'amour. Je ne sais pas pourquoi, mais ça m'avait revirée tout à l'envers de voir ça. Ça me faisait de la peine en maudit de voir qu'il y a des êtres qui s'aiment à ce point-là et dire qu'il y en a d'autres qui ont tout ce qu'il faut et qui aiment mieux rester dans leur petit coin à faire joujou tout seul.

J'avais mis un bon mois à oublier cette histoire-là. La fille me racontait qu'ils ramassaient de l'argent et qu'ils engageaient une fille quand ils avaient assez d'argent pour se payer une nuit de partouse. Ils s'amusaient bien en tout cas. Moi, je jouais les infirmières à les caresser tous les deux en même temps pendant que le gars se couchait sur sa blonde et y allait à planche. Mais laissez-moi vous dire que s'ils n'avaient pas de mains pour se donner du plaisir, ils étaient devenus experts pour se servir de leur bouche. La fille surtout vous avait une paire de babines, c'est pas possible. Son ami en avait les yeux qui lui sortaient de la tête quand il la voyait me manger la chatte. Je n'aurais pas donné ma place, je vous le garantis!

Sur les amateurs de show cochon, je me demande ce que je pourrais bien vous raconter encore. Il est inutile de vous parler des «exhibitions» données par les compagnies qui fabriquent des gadgets érotiques, n'est-ce pas? En Europe, à la Foire du sexe, il y a toujours des shows comme ça où les filles font la démonstration des trucs fabriqués par les compagnies de gadgets érotiques. J'en ai déjà fait un comme ça à Montréal. C'était privé, évidemment. Il y avait une douzaine de types qui étaient là et qui me regardaient, moi et deux autres filles, faire l'essai de toutes sortes de gadgets érotiques. J'ai trouvé ça plate à mort! Je pense que j'aurais eu plus de plaisir en vendant des produits de porte en porte.

J'ai eu une femme aussi qui est venue une fois à l'appartement me voir «en action» avec une autre fille et puis qui m'a engagée comme «cadeau d'anniversaire» pour sa blonde. Ça, ça arrivait quand même assez souvent. Ça me fait penser aux congrès ou aux réunions d'hommes, du même genre. Ils paient des filles pour faire des strip-teases, des shows de lesbiennes puis ensuite, chacun son tour... J'ai fait deux ou trois congrès du genre, puis j'ai complètement laissé tomber. Je ne suis quand même pas une machine à baiser et je n'ai pas de record à battre. Moi, l'ouvrage à la chaîne comme ça, je laisse ça aux filles à vingt piastres. Je ne suis quand même pas rien qu'un morceau de viande.

Une autre fois aussi, j'avais fait le show de Lili Saint-Cyr, le fameux show de la baignoire. Ma baignoire à moi, elle était remplie de champagne et ça avait la forme d'une coupe. C'étaient des individus de Toronto qui avaient voulu se payer un petit show comme ça. Je ne faisais rien d'autre que me déshabiller dans la coupe remplie de champagne, m'écartiller, leur en mettre plein la vue, me donner du plaisir, quoi. Eux, ils avaient chacun leur poupoune pour satisfaire leurs besoins. Je n'avais pas trouvé ça extraordinaire non plus. Je ne suis vraiment pas une fille pour faire des strip-teases... Ça ne m'excite pas tellement.

Mais le meilleur show que j'ai eu, c'est chez moi, dans mon propre appartement. Je m'étais acheté, je ne sais d'ailleurs pas pourquoi, un télescope. Une occasion d'un type qui ne voulait plus l'avoir et j'avais trouvé ça amusant. Le soir, j'avais installé le télescope dans une fenêtre et je m'amusais à regarder partout en ville quand, tout à coup, je tombe sur une fenêtre où il y avait deux gars et une fille qui s'envoyaient en l'air.

Ça me faisait tout drôle. Pourtant, pour une fille comme moi qui passe sa vie pratiquement toute nue, des scènes semblables ne devraient pas me mettre le feu aux fesses, pourtant... ce soir-là, ça m'a joliment allumée.

Il faut dire que la fille était très belle et qu'elle aimait ça. Les deux gars étaient beaux, pas particulièrement bien pris, ordinaires quoi! mais ils savaient se retenir et ils prenaient leur temps.

Je revois encore la scène. La fille, quand mon télescope avait pogné la bonne fenêtre, était étendue sur le dos, elle en avait un entre les jambes et l'autre, elle l'avait à la hauteur du visage. Ce qui m'excitait là-dedans, je pense, c'était de voir qu'ils avaient tellement de plaisir. Les gars changeaient de place, la fille se tournait sur le ventre, les prenait tous les deux dans sa bouche en même temps (elle devait avoir une maudite grande gueule, mais j'ai déjà vu ça assez souvent), puis ça prenait toutes sortes de positions. J'ai eu pas mal de plaisir ce soir-là à les regarder faire et c'est à ce moment-là que j'ai eu l'idée de me faire installer une caméra sur ce télescope-là. Mais je me suis dit que je n'avais pas grand chance de frapper un autre show comme ça et puis, si le coeur m'en disait, je n'avais rien qu'à inviter des amis à l'appartement. Des shows du même genre, on peut s'en donner n'importe quand...

CHAPITRE 8

LES «VRAIS» COCHONS

Hier soir, je venais de finir de dicter mes souvenirs sur les voyeurs et les voyeuses quand j'ai eu un coup de fil de Monsieur le Duc! Monsieur le Duc, c'est une espèce d'original pas mal spécial. Il n'est pas vraiment duc, d'après ce que j'ai entendu dire des filles de la place, mais il paraît qu'il est riche à craquer. Une chose est certaine, il ne doit pas manquer d'argent parce qu'il se paie toujours ce qu'il y a de plus cher. Je n'ai jamais vu une cabane comme la sienne. Il a une douzaine de chambres à coucher, système de télévision en circuit fermé, deux ou trois limousines, une *Ferrari,* une *Dusenberg* qu'il a fait venir de Californie où il l'a achetée d'un acteur célèbre (je ne me souviens plus lequel) et puis des tas de femmes toutes plus belles les unes que les autres. À vrai dire, je n'ai jamais osé demander à «Monsieur le Duc» pourquoi il prenait la peine de me téléphoner alors qu'il avait des tas de filles dans son harem... Parce que c'est un vrai harem chez lui. Probablement que je lui ai tombé dans l'oeil. Mais je ne vais certainement pas me plaindre parce qu'il paie très bien. Une visite chez lui me permet de me reposer le reste de la semaine... C'est regrettable qu'il ne m'engage pas à la semaine longue, ça ne prendrait pas de temps que je pourrais me payer moi aussi un château semblable.

Bref, Monsieur le Duc est un excentrique qui frise la soixantaine mais qui est cochon comme vingt. J'ai rarement vu un type aussi porté sur le sexe. Il ne pense qu'à ça, collectionne les films, les livres, et surtout les filles... Un soir, il m'a montré son album de photos des filles qu'il avait eues. Évidemment, avec l'argent qu'il a, il peut s'en payer une et puis une autre, et de fait, son album est dans le très épais... Il y en a de toutes les sortes là-dedans, même des filles que j'appellerais grosses et pas belles. Lui, il trippe sur les femmes. N'importe quelle femme. Mais je crois que mon genre lui plaît particulièrement. Ou peut-être qu'il m'aime bien parce que je suis vicieuse moi aussi? Passons!

Pendant je je pensais à ce qui allait se passer chez Monsieur le Duc (ça me fait toujours rire quand je dis ça, ça vous a un petit côté pas mal cucu, vous ne trouvez pas?), ça m'a remis en mémoire d'autres individus du même genre que j'appellerais les «vrais» cochons. Quand je parle de cochons, je ne veux pas nécessairement dire les dégueulasses, les malpropres, non, pas du tout. Je parle tout simplement des véritables obsédés sexuels, de ceux qui poussent les choses tellement loin que c'est complètement flippé! Vous comprenez? Le Duc en est un et j'en ai connu quelques autres dont je voudrais vous dire un mot.

Mais que je vous raconte d'abord mon après-midi chez le Duc. Arrivée là, j'ai été reçue comme d'habitude par deux belles jeunes poulettes en bikini. Elles m'ont emmenée dans une grande chambre et puis, bain obligatoire (le Duc est à cheval sur la propreté, vous devriez voir ça!). Comme d'habitude, les filles s'occupent de moi, je n'ai même pas à m'essuyer quand je vais faire pipi, il y a quelqu'un pour le faire à ma place... Tu parles d'une vie de château!

Puis, en route pour la chambre dorée, la préférée de Monsieur le Duc, celle où il me reçoit toujours pour ses petites fantaisies avec bibi!

C'est meublé genre salon oriental. Il y a là quatre filles, toutes vêtues de vêtements transparents et très lâches qui ne laissent rien imaginer de leur corps. Une Noire, une Japonaise, une autre qui m'a l'air Vietnamienne ou quelque chose comme ça et une Blanche, une grande fille blonde aux yeux bleus. Ça doit être une Allemande ou une Suédoise certain! Monsieur le Duc est installé dans son fauteuil favori, en robe de chambre. Je sais qu'il est tout nu là-dessous. Il boit un cognac tranquillement en attendant que tout soit prêt pour lui.

Donc, j'arrive, deux filles viennent me chercher à la porte et me couchent sur une sorte de tabouret assez haut, à la hauteur des hanches de «Monsieur le Duc». Il y a une sorte de rembourrage sous mes fesses de façon à me placer la chatte à la bonne hauteur. Puis, encore une fois, tout le rituel. C'est un personnage très particulier ce bonhomme-là. Il a tout du voyeur, du sadique, du fétichiste, du masochiste aussi. Un vrai maniaque sexuel, je vous le jure. Les filles alors se mettent après moi. Elles commencent par me huiler tout le corps, me caressent longtemps, me baisent les seins, me tripouille la chatte, entre les fesses, tout ce que vous voudrez, avec leurs doigts et leur langue. Pendant ce temps, une autre fille vient s'agenouiller devant Monsieur pour le «stimuler» pendant que les filles s'occupent de faire monter ma pression. Ce qui ne prend pas de temps d'ailleurs. Je voudrais vous voir avec quatre paires de mains et quatre bouches sur le corps. Votre pression monterait aussi en criant ciseau!

Puis, quand je suis en train de devenir folle, voilà qu'il

se lève, il s'approche du tabouret et une fille lui prend la bitte et la frotte doucement sur ma chatte. Ensuite, elle la place pour faciliter la pénétration. Ce gars-là ne se fera jamais mourir à faire un geste superflu. Moi, pendant ce temps-là, c'est comme si je prenais feu tellement je suis excitée par les autres filles qui ne me lâchent pas une minute. Je me tortille, je me débats et lui, tout énervé par le spectacle, il se met à me posséder de plus en plus vite, son «assistante» s'empressant toujours de le stimuler de toutes sortes de façons que je n'ai pas besoin de vous décrire.

En fait, ça ne dure jamais très longtemps. Je pense que «Monsieur» est tellement blasé à force d'avoir goûté à peu près à n'importe quoi qu'il n'y a plus grand-chose pour vraiment l'exciter. Bref, il me prend une fois, une seule fois. Après ça, les filles voient à ce que j'atteigne le maximum de jouissance et puis, mes deux «servantes» reviennent me chercher, me ramènent dans la baignoire, m'asticotent encore pendant une bonne heure et puis on me reconduit après le paiement d'usage.

C'est ça mon après-midi chez Monsieur le Duc. Assez spécial. Ça ne paraît pas à le décrire comme ça, mais vous devriez essayer ça une seule fois dans votre vie, c'est dans l'ultra-rare. Évidemment, il faut avoir les moyens de se le permettre. On ne trouve pas six, sept filles disponibles comme ça à tous les coins de rue, surtout que le Duc se sert d'elles de certaines manières que je ne vous décrirai pas. D'ailleurs, je me rappelle qu'une fois il m'avait dit qu'il rêvait de refaire le fameux château qu'on trouvait dans le livre *Histoire d'O*. Il faut croire qu'il en était resté piqué de ce bouquin cochon-là. Un jour, je l'ai lu. C'est vrai que c'est cochon, mais c'est trop sadique à mon goût. Si c'est ça que le Duc fait avec ses filles, alors j'aime autant pas faire partie de son harem. Non, merci!

Quand je suis revenue chez moi, j'ai décidé d'en profiter pour essayer de me souvenir de ces individus-là que j'avais connus ou dont j'avais entendu parler par d'autres filles. J'ai des copines qui en ont connu des puissants, si vous voyez ce que je veux dire. Linda, par exemple, en a rencontré un, un Chinois ou quelque chose du genre. Elle me racontait ça et elle disait que jamais de toute sa vie elle n'avait vu faire ce qui se passait là.

C'est trop drôle, il faut que je vous raconte ça.

Ce bonhomme-là aussi avait pas mal d'argent. J'imagine qu'il devait être propriétaire de beaucoup de restaurants chinois! En tout cas, Linda avait été invitée pour la fin de semaine à sa maison dans le nord. Il avait les moyens de se payer autre chose qu'un chalet, me racontait-elle.

Je passe sur les détails habituels. Vous avez deviné qu'il l'avait pas invitée simplement pour lui faire visiter le domaine. Mais le gars avait des goûts pas mal barbares. Linda m'a raconté que le dimanche après-midi, ils étaient étendus près de la piscine intérieure à prendre des drinks et à parler de choses et d'autres quand le bonhomme lui a demandé si elle n'avait jamais entendu parler de la technique dite du «canard sauvage»! Avec les Chinois, on ne sait jamais. Ils donnent des tas de noms exotiques aux positions les plus simples. Je me souviens d'un client chinois qui voulait que je prenne la position de la «liane après l'arbre» et des «oies sauvages volant sur le dos». Je ne comprenais rien et j'avais peur de passer pour une niaiseuse quand il m'a expliqué ce que ça voulait dire: assis sur le gars qui s'étendait sur le dos. Pas plus compliqué que ça. Il se fait que Linda ne savait pas trop quoi répondre. Le gars rigolait et, alors, il a décidé de lui en faire la démonstration.

Il l'a emmenée dans une pièce et a sonné pour appeler une servante. La fille, très belle, arrive et il lui explique en chinois ce qu'il voulait. La fille sort et revient avec une cage dans laquelle se trouve un canard. Linda me disait qu'elle avait beau essayer de saisir, elle ne comprenait absolument rien. Elle disait même qu'elle commençait à avoir peur un peu. On ne sait jamais, n'est-ce pas?

Le Chinois l'invite à s'asseoir confortablement puis il se déshabille et se couche sur le dos. La servante commence par lui faire un petit massage, histoire de lui donner assez de vigueur, puis elle met une sorte d'onguent sur sa bitte, probablement pour la rendre plus glissante. Ensuite, elle va chercher le canard (je dirais plutôt que c'était une cane!). Là, elle tient l'animal de telle sorte que le Chinois l'enfile sans problème. Évidemment, la pauvre bestiole se débat. Le Chinois la tient comme ça pendant un bout de temps, jusqu'à ce qu'il soit excité suffisamment, puis il dit quelque chose en chinois et la servante prend un coupe-coupe et flac! elle coupe le cou du canard.

Linda m'a expliqué que quand le canard a le cou coupé comme ça, il se débat davantage et ce sont les tortillements du canard mort qui font jouir le bonhomme!

Avez-vous déjà entendu parler d'une histoire semblable? Il faut joliment être vicieux pour s'inventer des trucs semblables. Non, mais... Chose certaine, ils ne me pognent plus à manger du canard laqué dans les restaurants chinois... on ne sait jamais si ces canards-là n'ont pas fini dans la position du «canard»!

Il y en a, je vous le jure, qui ont l'imagination débordante!

Ce qui me fait penser à un autre type de «vrai» cochon, celui que j'ai eu une fois et que j'appelais le «maniaque aux poupées»! C'était vers la fin de l'été il y a deux ans. Je commençais avec Madame R. à l'époque et si je travaillais beaucoup comme indépendante dans les hôtels et les clubs de nuit, je commençais à prendre de plus en plus de ses «commandes»! Je trouvais ça plus commode que de passer mon temps à raccoler.

Madame R. me laisse un message sur le répondeur

automatique. Il n'y a qu'une adresse et elle ajoute comme ça à la fin du message: «Je suis sûre que tu vas bien t'amuser»! Je ne sais pas trop ce qu'elle veut dire, surtout qu'elle n'est pas du genre à faire de tels commentaires sur les clients. Mais je me dis que celui-là, elle doit le connaître personnellement. En fait, j'ai appris par la suite que toutes les filles y passaient les unes après les autres. Je vous le jure, un maniaque, un vrai de vrai!

Le rendez-vous était fixé pour neuf heures le soir même. J'ai failli le rater d'ailleurs puisque j'étais arrivée à l'appartement assez tard, mais j'avais pu confirmer juste avant que Madame R. ne le donne à une autre. Maintenant que j'y pense, je n'aurais pas voulu rater ça pour tout l'or du monde (tout l'or du monde?... à bien y penser, peut-être que oui...!).

Le type habite une maison de banlieue d'aspect bien ordinaire. Ce n'est qu'en entrant chez lui que je me suis rendu compte que ce gars-là avait quelque chose qui clochait sous la boîte crânienne. Un vrai musée de poupées! De toutes les sortes, de toutes les grosseurs, sans oublier évidemment les poupées gonflables érotiques. Mais je vais trop vite... Je reprends depuis le début!

Le gars vient m'ouvrir. Il est dans la cinquantaine, presque chauve, a l'air d'un notaire à l'ancienne mode, le notaire Potiron vous vous rappelez? C'est alors que je vois, dans le vertibule, parotut sur les murs, des poupées. De tous les pays, habillées de toutes sortes de façons. J'en ai les yeux ronds de surprise. Je ne vous mens pas, il y en a partout. Le bonhomme a l'air de s'amuser de ma surprise. Il m'invite à le suivre dans ses appartements privés, qu'il dit. Il monte au deuxième et là, il ouvre une porte fermée à clé. J'en ai le souffle coupé. Des poupées gonflables accrochées un peu partout au plafond et puis des tas de poupées érotiques de toutes sortes. Certaines comme des poupées d'enfants, mais avec des seins et un vagin, certaines faites de façon très rudimentaires mais d'autres très détaillées et très réalistes.

Le vieux maniaque s'approche de moi et me dit, l'air de rien: «Vous n'aurez pas grand-chose à faire... vous ferez semblant d'être une poupée...!»

Tu parles!

De toute façon, si c'est ça qu'il veut. Alors il me prend dans ses bras (Il a pas l'air très fort et j'ai un peu peur qu'il m'échappe!), il m'étend dans le lit, me déshabille, puis se met à me laver de la tête aux pieds. Il me parle comme si j'étais une poupée. Je suis certaine qu'il y a quelque chose qui ne va pas dans la tête de ce gars-là, mais de toute façon... Puis, il m'habille avec de drôles de vêtements. J'ai l'air de Franfreluche!

Une fois que je suis habillée en poupée, il prend des photos et entreprend ensuite de me déshabiller, tout en prenant toujours des photos instantanées. Il m'embrasse partout, me place comme il veut alors que moi, me laissant prendre au jeu, je ne bouge pas du tout. En fait, comme disait Madame R., j'en viens à trouver amusant ce vieux bonhomme qui joue à la poupée avec une fille comme moi.

Une fois que je suis nue, il se déshabille à son tour et s'étend près de moi, me caresse, m'embrasse, me place les bras autour de lui, me ferme la main sur son pénis, m'ouvre les jambes, me caresse, me baise.

C'est vraiment trippant d'être étendue là et de faire comme si j'étais en cire, en porcelaine ou en plastique. J'ai les yeux fixés au plafond où je détaille toutes les poupées érotiques qui se balancent doucement, étalant des seins trop gros, des sexes velus avec de vrais cheveux et des bouches conçues exprès pour se donner du plaisir. Je vois certaines poupées avec des anus ouverts, et je me demande si le bonhomme se sert de chacune d'elles, ou si elles sont là uniquement parce qu'il les collectionne.

Finalement, il se couche sur moi et se donne du plaisir. Je ne bouge toujours pas Cela ne lui prend pas de temps... il jouit, me replace, m'essuie et me lave avec précaution. Exactement comme s'il prenait un soin jaloux d'une poupée très précieuse. Alors seulement il me rhabille, puis me reprend dans ses bras et me transporte en bas. (J'ai eu une peur bleue dans l'escalier!) Dans le vestibule, il me dépose sur mes pieds, m'ouvre la porte et se contente de me dire en me tendant mes «honoraires», un «Merci, mademoiselle!» froid et poli... La porte se referme. Je n'ai même pas eu le temps de reprendre mon souffle!

Quel bonhomme! Le lendemain, quand Madame R. m'a demandé mon opinion, je me suis sentie rougir. Jamais je n'avais eu autant l'impression de n'être rien d'autre qu'un trou. Jamais, de toute ma vie, je ne me suis sentie aussi insultée. Je ne pourrais pas dire pourquoi, mais ça m'a laissé un goût amer dans la bouche. En tout cas, chose certaine, ce type-là avait quelque chose de fêlé quelque part.

Mais n'allez pas croire qu'il n'existe pas d'autres genres de ces illuminés du sexe. Nous en rencontrons des rares vrais. Bien sûr, nous sommes bien placées pour les rencontrer, après tout, nous servons à ça. Mais, je ne sais pas. Des fois, ça vient fatigant de rencontrer rien que des «bizarres». On finit par avoir l'impression d'être bizarre soi-même.

Tenez, en voici une qui est dans le rare vrai. D'ailleurs, il faut être complètement maniaque pour accepter de se prêter à pareil manège, je vous le dis. Ça se passait à Brossard. Le bonhomme avait un bungalow et il faisait un party. Il appelait ça un party «sexuel». Il avait payé une couple de filles, histoire de mettre de l'ambiance au cas où ses invités se sentiraient un peu gênés de passer à l'action. Il se trompait, je vous l'assure.

Pas besoin de vous raconter le party, c'était le scénario

habituel: ça buvait, ça regardait des films pornos, ça baisait et, à vrai dire, moi et les filles nous trouvions que ça manquait d'imagination... Nous faisions semblant d'avoir du plaisir et nous couchions. Après tout, nous étions payées pour ça.

Je ne me souviens pas qui a eu la brillante idée de ce petit concours, mais nous nous sommes tous retrouvés au sous-sol où le gars avait une sorte de «suceuse électrique» qu'il disait. Il avait patenté ça exprès pour le party et il ignorait l'effet qu'il pouvait en retirer puisqu'il ne l'avait jamais essayée. Le concours consistait à savoir combien de fois un gars pouvait venir grâce à cette fameuse suceuse électrique.

Il y en a un qui s'est plongé la bitte là-dedans et qui est resté pogné là pendant je ne sais plus combien de temps... puis, tout à coup, il s'est mis à hurler comme un dingue et quand on a débranché l'appareil, le gars pissait le sang par la queue que c'en était écoeurant. On a appelé une ambulance. Il a bien failli mourir vidé de son sang, l'imbécile. Cette fameuse «suceuse électrique» savez-vous ce que c'était? Une trayeuse à vaches! Il faut qu'il te manque un boulon en quelque part pour essayer une bebelle pareille. Mais il y en a...!

Celui-là, il était piqué dangereux! J'en ai connu d'autres qui étaient carrément cinglés. Le collectionneur de vagins en était un. À le voir comme ça, on n'aurait certainement pas pensé ça de lui, mais quand il vous invitait chez lui, alors tenez-vous bien. Il m'avait rencontrée dans un club de nuit où il ramassait toutes les filles qu'il pouvait. Il travaillait rien que pour sa collection qu'il disait. Il trouvait que j'avais un beau pubis renflé et qu'il avait envie de l'ajouter à sa collection.

— Collection? que je lui dis.

— Oui, me répond-il avec des airs d'extase. J'ai une

collection très particulière.

— Pas encore des images cochonnes japonaises, que le lui dis en riant.

Ce coup-là, on me le faisait régulièrement quand un type m'abordait et ne savait pas quoi dire pour m'inviter chez lui. Les niaiseux, ils n'avaient qu'à faire comprendre qu'ils pouvaient se le permettre. D'ailleurs, je ne les laissais jamais poireauter longtemps. Juste le temps de voir si c'était un client éventuel ou un flic en civil qui essayait de m'embarquer. Quoique, de ce côté-là, je ne peux pas dire que cela se soit produit tellement souvent...

Le gars me dit que sa collection est unique au monde. De toute façon, moi, les collections... Je collectionne plutôt les petits portraits sur les billets de cent dollars. Il me dit simplement qu'il accepterait de faire un échange avec moi. Ma... «pièce de collection» contre quelques jolis petits portraits. «Marché conclu», que je lui dis et nous sortons de la boîte. Il m'invite à le suivre dans ma voiture et nous partons pour la gloire.

Je croyais qu'il s'agissait uniquement d'une collection de photographies. Surtout qu'il m'avait parlé de mon «beau publis renflé». Je me disais que ça devait être un collectionneur de photos cochonnes. Je n'étais pas tellement chaude, mais, à cette époque, je n'étais pas trop regardante sur le sujet. Ce n'est que depuis que j'ai failli me faire embarquer pour une histoire de photos qui étaient tombées dans les mains d'un petit jeune que j'ai mis un terme à ces séances de photographie. Mais, dans ce temps-là, ça ne me dérangeait pas particulièrement.

Nous partons en direction de Boucherville. Juste avant d'arriver dans la ville, il tourne dans l'entrée d'une maison ancienne en pierres des champs. On entre, tout meublé à l'ancienne. Amateur d'antiquités. Il doit certainement avoir de l'argent, que je me dis, parce que des antiquités, ça ne se donne pas.

— Alors? Cette fameuse collection?

— Prenons d'abord le temps de retrouver notre souffle, fait-il comme s'il avait couru sur toute la distance depuis Montréal, et je vais commencer par le plus simple: ma collection de photos!

— Je me doutais bien que c'était une collection de photos, que je lui dis.

Il se contenta de rire comme si je venais de dire une niaiserie et il nous versa une généreuse ration de cognac. Puis il sortit de la pièce et revint quelques instants plus tard avec un album qui devait certainement avoir un pied d'épaisseur. Je n'en revenais pas: tout ça de photos cochonnes?

— C'est seulement un aperçu de ma collection, me dit-il. Les pièces rares... je vous les montrerai plus tard.

Il prit place près de moi et commença à me montrer ses photos érotiques. Ça représentait des filles allongées sur le dos, ou dans d'autres positions, mais toutes ces photos avaient ceci de particulier qu'elles montraient clairement tous les aspects du vagin des modèles.

— Qu'est-ce au juste ta collection? demandai-je. Seulement des filles nues?

Il eut encore un petit rire spécial et répondit en regardant ailleurs:

— Des vagins!

— Des... quoi?

— Viens voir!

Il m'entraîna au deuxième étage. Je me demandais si le bonhomme n'était pas en train de capoter avec ses histoires de «beau pubis renflé»! Je veux bien croire qu'un type trouve ça excitant, après tout, c'est normal, mais de là à les collectionner? J'espérais simplement qu'il ne fût pas du type maniaque à vouloir garder une «pièce» des filles qui venaient à sa maison... Un genre... comment il s'appelait le maniaque, en Angleterre, qui charcutait les filles comme ça? Ah oui... Jack the Ripper!

Mais j'allais avoir une fameuse surprise en entrant dans une pièce qui faisait tout le deuxième étage. Comme le collectionneur de poupées, il avait lui aussi toute une collection de poupées érotiques. Toutes étaient installées de façon à avoir les jambes largement ouvertes pour bien faire voir tous les détails. Mais sa collection ne s'arrêtait pas là. J'en avais le souffle coupé. Il avait tous les vagins artificiels imaginables. Certains étaient même faits avec du vrai poil. Il ne faut pas être malade rien qu'un peu...

— Pas pire, hein? qu'il me dit tout en me faisant faire le tour du propriétaire.

— Tu as collectionné ça tout seul? Je veux dire...

— Oui, je comprends ce que tu veux dire... Ça m'a pris des années à ramasser ma collection. Avoue que ça vaut le coup d'oeil...

— Mais... Qu'est-ce que tu veux faire avec ça?

Il partit à rire. Bien sûr, c'était pas mal évident.

— Viens voir par ici, fit-il encore.

Et il m'emmena à une extrémité de la pièce où il y avait comme des comptoirs de restaurants, tout vitrés avec des tablettes. Et là, dans des sortes d'écrins à bijoux, je vois d'autres vagins artificiels, comme en caoutchouc, tous les détails bien précis, les poils et tout et tout.

— Ce sont des copies de vrais... dit-il fièrement. C'est moi qui les ai faits!

— Comment tu fais ça?

— Pas besoin d'avoir peur. C'est absolument sans douleur. Je suis une sorte d'artiste dans l'âme. Il n'y a rien de plus beau qu'un vagin et chacun est différent. On peut dire que je suis une sorte de Don Juan qui ne peut pas accepter de ne pas avoir toutes les femmes. Alors, je collectionne les vagins.. Un passe-temps fort agréable.

— ...et cher!

— Pas vraiment!

J'allais tout découvrir sur l'«art» de ce bonhomme pas ordinaire. Il prenait des moules en caoutchouc des vagins des filles qui venaient chez lui et, patiemment, à l'aide de photos couleurs très précises et tout et tout, il reproduisait exactement tous les détails. Il avait toute une provision de cheveux humains et de poils pubiques et il s'en servait pour fabriquer les toisons. Complètement sonné. Mais très impressionnant.

Inutile de vous dire que la séance de ce soir-là fut simplement une séance de «pose». Comme si je m'étais fait tirer le portrait... entre les jambes. Il était vraiment maniaque parce qu'il prenait soin de prendre les mesures exactes de tous les détails, il comparait différentes teintes de poils, il prenait des photos pour en avoir la forme exacte. Puis il me demanda de le rencontrer dans un mois, histoire de comparer le modèle et la copie. Complètement piqué. Mais gentil et pas méchant du tout. Il ne m'a même pas touché. Pouvez-vous imaginer ça?

Évidemment, vous allez dire que j'invente tout ça. Des gars comme ça, ça n'existe pas! Bien, allez-y voir. Et d'ailleurs, ce n'est pas parce qu'il y a un bonhomme sur la planète qui collectionne les copies de vagins de femmes que tous les mecs sont pareils. Tous les goûts sont dans la nature et n'allez pas vous imaginer que les écrivains pornos prennent ça seulement dans leur imagination ce qu'ils racontent. Il y en a que vous seriez surpris de voir ce qu'ils ont entre les oreilles. Et moi je suis bien placée pour le savoir. Avec ce métier-là on finit par découvrir toutes sortes d'originaux, de piqués, de bizarres, de capotés.

Et j'allais oublier celui-ci, un maniaque de la littérature érotique. Ça, c'est pas mal plus fréquent. Mais ce qui l'était moins, c'est qu'il se vantait de vouloir, une fois au moins avant de crever, essayer toutes les recettes décrites dans les livres qu'il lisait. Je le connaissais bien, le bonhomme, parce qu'il passait tout son argent avec nous autres. Un maniaque comme c'est pas possible, je vous le garantis!

Remarquez qu'ils ne sont quand même pas si rares les collectionneurs de littérature érotique. Ça ne manque certainement pas. Mais celui-ci, il avait des idées pas mal bizarres. Et une fois, il m'avait fait la démonstration d'un truc absolument pétant qu'il appelait le... attendez que ça me revienne, je l'avais noté d'ailleurs tellement le nom seul était dans le pas catholique. Ah! oui, ça me revient... le «violon anal»! Ça vous en bouche un coin ce truc-là, hein? Mais, dans le fond, ce n'est pas si extraordinaire que ça. Il faut seulement être dans le cochon rare pour se servir d'un truc semblable.

La fois que j'avais été invitée chez lui pour une fin de semaine de partouse intime, il m'avait fait la démonstration de cet instrument importé du Japon, je crois, ou de quelque part comme ça. Il disait d'ailleurs qu'il y en avait, où c'était?... ah oui! en Corée, des gadgets érotiques à vous couper le souffle. De toute façon, je le croyais sur parole, il était ferré sur le sujet, je vous l'assure!

Vous savez comment ça fonctionne le violon anal? Pas compliqué, je l'ai essayé moi-même. On ne peut pas dire que ça fait «flyer» au septième ciel, mais c'est pas mal particulier. on s'installe à quatre pattes sur le lit. Le truc est enfoncé dans l'anus. C'est une sorte d'entonnoir avec un bec très long et pas trop gros qui vous rentrez profondément dans le corps. Il y a une sorte de corde métallique attachée en plein centre de la tige qui vous rentre dans le corps et le «joueur de violon» prend la corde, c'est plutôt comme une corde de guitare en métal ou quelque chose du genre, puis il prend un archet, un vrai archet de violon, et il le passe sur la corde. Ça fait une vibration qui se rend jusque dans le ventre et ça produit un genre de chatouillement pas mal spécial.

Il trippait bien raide là-dessus et il me demandait tout le temps pendant que je l'essayais si j'aimais ça ou non. Je peux vous dire une chose: c'est spécial, mais moi, ça ne sert à rien, c'est rien que des finasseries ces gadgets-là. J'aime autant autre chose.

D'autres ont des manies pas mal particulières. Je n'ai pas l'intention de vous parler de chacun, les uns après les autres. D'autant plus que ça devient barbant de parler de ça. Ces types-là qui ont des petites manies qui sortent de l'ordinaire, moi je les appelle simplement des piqués. Et puis, ceux que j'ai rencontrés, bien je n'ai pas trouvé que leurs manies étaient spécialement intéressantes sauf quelques-uns, comme «Monsieur le Duc». Lui, il était correct d'une façon, s'il était complètement cinglé d'une autre. Mais ne me dites pas que le collectionneur de poupées ou le maniaque des vagins pouvaient donner bien du plaisir à une fille.

Je sais bien que ça prend de tout pour faire un monde, mais il y a certains individus dont on se passerait bien sans s'en porter plus mal.

Chapitre 9

LES MEILLEURS NE SONT PAS CEUX QU'ON PENSE!

Ouf! Il y a des jours où j'en ai vraiment assez, vous savez! Hier soir, je suis sortie vers les dix heures, histoire d'aller me changer les idées. J'avais envie de m'amuser. J'ai téléphoné à Myriam, une bonne fille qui rit tout le temps et qui ne manque pas d'ouvrage. Elle a passé son dernier client de la journée et elle a décidé de m'accompagner. Nous nous sommes payé une tournée des grandes duchesses. On nous a cruisées à mort. J'avais enfilé un truc «flyé» que je mets quand j'ai envie de faire la folle. J'avais l'air de Janis Joplin avec mon grand chapeau à plumes, ma cape rouge et mes bottes à cuisses, des cuissardes qu'ils appellent ça... Et sous ma cape? Ah, ah! Des shorts style Paco Rabane en tiges d'un métal quelconque plaquées or, et une blouse transparente avec des paillettes en or. Pour faire encore plus sexé, sur les mamelons j'avais mis des «enjoliveurs» en or! Vous imaginez l'effet quand j'entre quelque part habillée comme ça. Même la musique s'arrête tellement les mâles en bavent... Les filles, elles, pas besoin de vous dire qu'elles n'aiment pas me voir dans le décor. De toute façon, les pauvres petites chattes, si seulement elles se doutaient que je ne suis pas là pour leur piquer leur chum, mais rien que pour m'amuser. Quand on couche à longueur d'année, on se fait une autre idée des passe-temps! Et avec Myriam, je voulais simplement faire la folle, me payer un bon snack et peut-être aller finir la nuit quelque part... J'étais dans un de ces «mood».

Finalement, vers le tard, nous avons décidé d'aller manger dans un restaurant du Village Saint-Denis. C'est là que deux machos nous ont accostées. Vous voyez le genre? La chemise ouverte sur la poitrine poilue et des chaînes en or autour du cou, toutes sortes de pendentifs en or (plaqués or, je dois dire, on ne fait que passer l'ongle et tout l'or disparaît!), le type athlétique. Des gars qui se prennent pour d'autres! Cib... ils me font débander ces gars-là.

Eux puis ceux que j'appelle les «gros minets», le genre super-mâle. Ces gars-là te regardent comme si tu étais déjà toute nue dans le lit, tout écartillée à attendre avec les yeux brillants et des mots d'amour plein la voix!... Aie, vous repasserez, mes mignons!

Vous voulez que je vous dise? Ce n'est pas parce qu'un gars s'habille en super-mâle qu'il est super dans le lit. D'ailleurs j'en ai vu un maudit tas qui étaient homos. Eh oui! Les homos flippent là-dessus bien raide. D'ailleurs vous devriez voir la quantité d'homos qu'il y a là où ils font des poids et haltères. Ils aiment ça un beau corps musclé. Bien sûr, il y a des tas de machos qui courent les filles, c'est certain. Mais ne vous en faites pas, les petites. Quand on a un gros étalage de marchandise, dites-vous que, souvent, c'est pour vous forcer à acheter. Bel emballage, mais vous êtes déçues quand vous défaites le paquet.

J'en avais ramassé un comme ça un soir, histoire de voir ce qu'il allait me raconter pour me «charmer», juste pour m'amuser. Aie... le plus drôle, savez-vous ce que c'est?

Le gars avait une bosse énorme dans son pantalon et avec les pantalons serrés qu'il avait, ça se voyait en grand. Bien, j'ai passé la main une couple de fois, sans attirer son attention et... il ne s'en est même pas aperçu, le niaiseux! C'était du rembourrage!

Vous pensez que j'invente? Allez-y voir! Ça se vend comme des petits pains chauds ces rembourrages-là pour donner aux mâles l'allure d'un gars qui en a une de dix pieds de long! Imaginez la pauvre fille qui ramasse un type parce que sa bosse est si grosse qu'elle fait craquer son pantalon et qui se retrouve dans un motel avec une cinq pouces «bien allongée»! Tu perds tes illusions, c'est le cas de le dire.

Moi, c'est pour ça que les machos et les gros minets, ça ne m'impressionne plus du tout. Il y en a qui sont gentils, qui sont fins... mais juste pour jaser. Les gars en mettent trop, ça se voit tellement qu'ils ne pensent qu'à baiser que j'ai toujours l'impression d'être un canard ou une oie sauvage qu'ils veulent descendre. Être le numéro «x» à leur tableau de chasse avec photos-souvenir et tout le kit, ça ne m'intéresse pas... surtout quand je sors simplement pour m'amuser. Ils peuvent toujours repasser. Mais Myriam, elle, la folle, elle aime ça des gars de même. Je la trouve donc niaiseuse par moments, mais on ne se change pas comme on veut.

Ce qui fait que les deux machos, nous les avons laissés payer le lunch et tout le kit, et quand est venu le temps de les suivre, ils voulaient qu'on se sépare par couple dans les voitures. Moi, j'ai dit non, nous allions les suive. Bien sûr, au premier coin de rue, flac! me voilà qui tourne dans l'autre direction et puis salut les niaiseux. Ils ne doivent pas avoir aimé ça... C'est vrai que Myriam et moi nous avions joué le grand jeu, faisant semblant d'être pognées pour de bon, ou au moins pour la nuit... Ils ont dû se finir au poignet! J'ai bien ri! Myriam disait que nous n'aurions pas dû faire ça et elle les prenait presque en pitié. Vas-y voir, ma poulette, que je lui ai dit. Ces gars-là se trouveront bien des niaiseuses pour se faire rembourser le prix du repas.

Il y en a d'autres aussi, qui me font bien gros penser aux machos et aux gros minets... Savez-vous qui? Les vedettes professionnelles. Je veux dire les vedettes du sport professionnel, le hockey, le football, le baseball... Pas rien que ceux d'ici. Qu'ils viennent de n'importe quelle ville, ils sont tous pareils. On dirait que parce qu'ils gagnent un salaire de fous en tapant sur une balle ou en poussant une rondelle, on va leur tomber dans les pattes comme ça. Tu parles d'une mentalité! Moi, ça me fait bien rire.

Remarquez que nous n'avons pas souvent affaire à eux. Il y a assez de «groupies» qui meurent d'envie de les avoir qu'ils peuvent choisir dans leur fan-club. Ça me fait penser aux chanteurs de charme, vous vous souvenez dans le temps des «crooners»? C'est vrai que, de nos jours, n'importe quel petit jeune qui pousse une toune qui pogne un peu se retrouve avec tout un harem. Regardez le petit Simard.. C'est pas drôle de voir ça. Ça se pâme devant lui, ça tombe dans les pommes...

Une fois, à Toronto, j'avais rencontré un joueur de hockey pas mal connu à l'époque. Le gars était entouré de tout un harem et il m'aborda comme ça, l'air sûr de lui (un vrai macho avant le temps!) en me disant: «Salut, beauté, je m'appelle... untel!» Moi, ça ne me disait rien ce nom-là. Il a eu l'air fou, le gars, quand je lui ai demandé ce qu'il faisait dans la vie! Il en a encore les yeux ronds, je pense. On aurait dit qu'il ne lui venait pas à l'idée qu'on ne puisse pas le connaître. Bien quoi?

Tout ça pour vous dire que les meilleurs ne sont pas toujours ceux qu'on pense. Ça me fait penser à un autre joueur de hockey. Il était très connu à Montréal, à une certaine époque, et il y avait toute une floppée de filles qui seraient mortes sur-le-champ si elles avaient eu la chance de coucher avec lui. Oui, elles auraient sauté en bas du pont Jacques-Cartier pour avoir la chance de seulement l'embrasser!

Je me souviens que dans un party pas mal «mouillé» qui avait eu lieu quand son club avait gagné la coupe Stanley, ses chums lui avaient fait une farce et il s'était retrouvé tout nu... Il avait un petit zizi... petit, petit. Si sa photo avait paru dans les journaux, je suis certaine qu'il aurait perdu les trois quarts de son fan club. Mais je ne veux pas en parler plus longtemps parce que ce n'était pas un gars qui se prenait pour un autre et je le trouvais bien gentil.

Mais il y en a d'autres, surtout chez les Anglais, les blokes... les blokes du Canada, pas les Américains, les vrais blokes, ceux-là se croient la fin du monde parce qu'ils savent patiner! Aie!

Quand on a eu un club de baseball professionnel à Montréal, souvent des joueurs se sont tapé des petites partouses. Les Noirs surtout, on aurait dit qu'ils aimaient ça se taper des Blanches de langue française. Je ne sais pas si ça leur faisait un petit velours supplémentaire. Moi, je les trouvais bien ordinaires. En fait, c'est comme les machos. Ils misent trop sur leur apparence, sur le fait qu'ils sont connus et qu'on parle d'eux dans les journaux tous les matins... On dirait qu'ils ne cherchent plus rien à prouver. Pour une fille, ça peut être plate à mort.

Mais n'allez pas croire que je suis le genre de fille à leur dire leurs quatre vérités. Pas du tout. Dans mon livre, peut-être, mais pas en pleine face. Relations publiques, vous savez. Avec moi, les clients sont toujours beaux, fins, les meilleurs, les mieux... Je les aime à mort, ils me font mouiller, etc... Ce que j'appelle le cirque. Je fais mon numéro. Faire semblant, tout est là-dedans, les petites. Si vous n'êtes pas capable de faire semblant au bon moment, le gars va dire que c'est de votre faute, que vous n'êtes qu'une vieille peau, usée par les caresses, etc... vous êtes bonne rien qu'à prendre des nègres. Le kit!

J'ai eu l'occasion, quand je suis allée travailler aux États-Unis, dans une couple de villes différentes, de rencontrer des joueurs de football. Ils sont pareils, si ce n'est qu'ils comptent encore plus sur leur physique. C'est vrai que quand tu frappes un type de six pieds six et de trois cents livres, ça fait de la viande dans le lit. Ce qui ne veut pas dire que tu es sûre d'en avoir en masse là où il faut. Bien souvent, ils sont «grayés» moins bien que la moyenne. Comme si la nature compensait pour leur gros physique en leur donnant une petite quéquette!

Grosse Corvette, p'tite quéquette, vous vous en souvenez?

Tout ce que je me rappelle de ces gars-là, c'est qu'ils m'écrasaient dans le lit. J'en avais le souffle coupé et je n'étais même plus capable de grouiller.

Ce n'est pas parce que leur nom est écrit dans les journaux tous les matins qu'ils ont plus d'aptitudes que d'autres de faire plaisir à une fille. J'en sais quelque chose. Je ne suis pas là pour qu'ils me fassent plaisir. C'est le contraire plutôt, mais ça se voit tout de suite.

À la longue, avec l'expérience, j'en ai conclu que plus un bonhomme fait parler de lui dans un sport ou une autre profession, plus il se pense bon et s'imagine que les filles vont lui tomber dans les pattes en bâillant de bonheur. Pauvres hommes! Ils sont tous pareils. En fait, la fille qui va coucher avec un bonhomme comme ça va vite déchanter. Elle va s'apercevoir que son idole n'attend qu'une attitude des femmes: qu'elles se plient à tous leurs caprices et les servent comme de gros bébés gâtés. C'est tout ce qu'ils veulent, dans le fond. Avec moi, pas de problèmes. Ils sont beaux, fins, intelligents, bons et les meilleurs... du moment qu'ils empilent les nombreux billets de cent dollars que ça me prend! Business is business.

Vais-je vous parler des artistes? Des gens de la télévision et du cinéma? Je n'en ai pas connu des tonnes, mais il y en a un en particulier qui m'avait frappée à une certaine époque. J'arrivais alors à Montréal, j'avais travaillé à Londres pour une grosse compagnie d'électronique... dans les «relations publiques». Je vous en reparlerai d'ailleurs. J'étais allée manger dans un restaurant et, à la table voisine de la mienne, il y avait la vedette d'une série de télévision, une série très très connue à l'époque. Elle est encore populaire aujourd'hui, d'ailleurs, même si je ne suis pas le genre de fille à me river à la télévision comme des tas d'autres. Bien ce bonhomme-là, il ne parlait pas, il gueulait. Bien sûr, c'était pour se faire remarquer. Et vous auriez dû voir la greluche qu'il avait avec lui. Aie, le style peinturé des années trente avec un rouge à lèvres d'une oreille à l'autre, mal habillée, trop grasse dans son corset... ça lui faisait des bourrelets. Elle avait l'air d'un tonneau.

Le gars, lui, n'arrêtait pas de parler fort, de gesticuler, le style «m'as-tu vu».

Il se fait qu'il ne m'avait pas laissé une très bonne impression, et je l'ai rencontré une autre fois dans un party chez un producteur de cinéma. J'étais «engagée» pour voir à ce que les invités soient bien, vous me comprenez, bien sûr. Il y avait là pas mal de gens connus dans le milieu des artistes ainsi que de nombreux réalisateurs, producteurs, financiers, etc... J'avais revu mon bonhomme gueulard et il m'avait accostée. Évidemment, je lui avais dit que je le connaissais bien, qu'il était merveilleux, magnifique, meilleur que le meilleur des acteurs, digne d'aller à Hollywood, etc... Tout pour le flatter dans le sens du poil. Il buvait comme un trou d'ailleurs et quand il m'a prise par le bras pour m'inviter à aller «jaser» dans un coin tranquille, j'ai compris qu'il avait envie de profiter mes... «charmes». En fait, il était à peine allongé sur moi que ça lui prenait trois ou quatres coups et plouc! fini! Il a eu un petit rire gêné et m'a dit que ça devait être la boisson. Alors je l'ai rassuré, ça arrivait souvent et aux gens les plus célèbres... le baratin habituel. Il a été très content, a voulu m'inviter à sa maison de campagne, mais je me suis défilée... Il n'avait pas l'air de se douter une minute que j'étais une fille payée pour faire mon boulot. Je l'ai laissé à ses illusions, après tout, je ne suis pas là pour faire l'éducation des gens.

Vous allez peut-être me demander où est-ce que je veux en venir avec tous ces souvenirs? C'est simple, j'essaie de répondre au titre que ma copine voulait que je donne à ce chapitre-là. Elle me disait: «Vas-y, ça serait amusant si tu parlais des hommes qui sont les meilleurs!» Moi, je veux bien, mais c'est qui, ça, les meilleurs? Dans ma profession, habituellement, on en rencontre tellement qu'on trouve que tous se ressemblent et ça finit par être simplement ce que c'est supposé être: une job!

J'ai déjà parlé un peu des Noirs. Tout le monde a l'impression qu'ils sont tous pognés comme des étalons. C'est drôle les idées que le monde peut se faire. Je ne sais pas d'où ça vient cette idée-là mais, dans le fond, je peux vous le dire et je suis bien placée pour le faire, je n'ai pas rencontré plus chez les Noirs que chez les Blancs des hommes mieux équipés que les autres. C'est du monde comme les autres, je dirais.

Savez-vous à quoi ça me fait penser? J'ai connu une fille à Washington (ça marche en grand les affaires là-bas, surtout avec toute la politique qui se brasse là), une belle Noire, absolument magnifique. Le genre de fille qui fait band... n'importe quel mâle rien qu'avec un clin d'oeil. Bien elle me racontait que la très grande majorité de ses clients réguliers étaient des Blancs. Les Blancs trippent sur les

Noires comme les Noirs trippent sur les Blanches. J'ignore vraiment pourquoi. Une question de préjugé, je suppose. Le monde se fait des idées bizarres parfois.

Pour en revenir aux Noirs que j'ai connus, et j'en ai connus en quantité, je dirais que c'était la même chose qu'avez mes autres clients. Il y en avait quelques-uns qui étaient bien pris, mais la majorité n'étaient pas différents des autres. Est-ce qu'ils savaient mieux s'en servir? Je dirais qu'ils savent que les Blanches les croient mieux membrés et peut-être s'attendent-ils à ce qu'on se garroche à genoux devant eux. Savez-vous où j'ai connu ça plus qu'ici? Dans les îles. Oui, à la Barbade, en Jamaïque, etc. Les Noirs là-bas sont très racistes et ils prennent les Blanches pour des peaux. Ils se vantent d'être meilleurs que tout le monde alors que la vérité est tout autre et autrement plus plate aussi. À choisir entre les deux, je préfère les Noirs d'ici. Eux, au moins, ils sont habitués à notre style de vie et ils sont moins «fendants». Moi, ça m'écoeure quelqu'un qui se prend pour la fin du monde et qui s'imagine que je vais tomber dans les pommes parce qu'il se déculotte. J'en ai vu de toutes les couleurs (c'est le cas de le dire) et je ne suis pas le genre à me pâmer pour rien. Je ne me pâme pas du tout, je pourrais dire.

J'ai eu des Noirs qui étaient pas mal gentils, qui ne se prenaient pas pour d'autres et qui savaient se servir de ce qu'ils avaient. Un en particulier. Un type de Los Angeles qui était venu pour affaires à Montréal. Grand, il mesurait pratiquement six pieds et demi, et bien fait. Très poli, très gentil. Il ne se pensait pas plus fin que les autres, contrairement à des tas de «punks» que je connais. Et quand il couchait avec une fille, même si elle était payée, il voulait se satisfaire et il prenait le temps de s'amuser. Il ne se contentait pas de la mettre dedans et hop! bonjour, la visite!

Mais ceux que vous rencontrez dans les boîtes de

topless avec tout un attirail en or dix carats, ditez-vous que la plupart du temps, ce sont des «pimps» qui surveillent leurs pouliches. Moi, ça m'écoeure de les voir ne rien foutre dans la vie et de profiter des filles. Cr... que ça m'écoeure. Quand il y en a un qui se fait descendre ou qui prend le bord de l'ombre pour une couple d'années, je n'irai certainement pas brailler sur sa tombe ou lui porter des oranges. Qu'il pourrisse le chien!

Pour en revenir à ceux qui sont les meilleurs, je ne dirais pas qu'ils sont, en général, meilleurs ou pires que les autres. Peut-être pires, d'une manière, parce qu'il y en a une maudite gang qui se pensent des supermen. Ils croient que tout ce qu'ils font est super, extra, «out of this world». Pour n'importe quelle fille, disons que c'est dans l'ordinaire. Si seulement ils n'étaient pas aussi prétentieux, ils ne seraient peut-être pas pire, mais à se croire supérieurs à tout le monde, ça ne fait rien que de la merde!

Mais les pires, non parce qu'ils ne savent pas quoi faire ou qu'ils ne sont pas capables de le faire... ce sont les Arabes! Shit! Ceux-là, ils considèrent les femmes comme des moins que rien. Des trous, c'est tout! Comment voulez-vous, dans ces conditions-là, qu'ils prennent le temps de faire plaisir à une femme? Ils se prennent tous pour des sultans possesseurs d'un harem. Ça te regarde comme si tu étais de la merde et ils s'écrasent en te demandant de leur faire des petits extra. Moi, ça me fend la face ces gars-là. Je ne le leur cache pas non plus. Je ne les aurais pas comme clients que je n'en mourrais certainement pas.

Vous n'avez qu'à voir la manière dont ils traitent les femmes dans leur pays pour vous faire une petite idée de la façon dont ils vont vous traiter ici. Je les déteste, ce n'est pas possible. Vous me direz qu'ils ne sont pas tous pareils. C'est vrai. Il y a de la merde dans n'importe quelle race, mais moi, ça ne sert à rien, je ne peux pas les voir, même en peinture. Et quand Madame R. me téléphone pour me donner des rendez-vous avec eux je sais qu'ils ne seront pas très heureux parce que je ne fais pas la petite chienne pour les satisfaire. Business-business. Ils désirent toujours des extra et ne veulent jamais payer. Tu craches, que je leur dis, parce que ça va aller. Il y en a même un une fois qui a voulu me battre. Il me traitait de chienne, de traînée, de putain... Je suis peut-être une putain, mais il n'a pas à me parler sur ce ton-là. Je lui ai envoyé un copain qui est «bouncer» dans un club, histoire de lui apprendre la politesse.

Vous allez dire que je suis raciste? Ça ne me dérange pas du tout. Moi, les hommes qui considèrent les femmes comme des moins que rien, ce n'est pas mon genre. Ils veulent des fesses? Je leur en donne, mais je les fais payer sur un maudit temps. Et c'est sans extra, sans rien, pas de fioritures. Vous voulez du crémage sur le gâteau, ça se paie ça, mon coco!

À m'écouter sur le dictaphone, je me rends compte que je n'aime vraiment pas ces types-là. Vous avez raison de dire que je suis raciste... Et ça ne me dérange pas du tout.

Je ne me pose même pas la question pour savoir s'ils sont meilleurs que les autres. Pour moi, ils sont les pires. Parce qu'ils se contentent de s'effoirer sur le matelas et vas-y, travaille la bonne femme. Non, merci. Des clients comme ceux-là, j'aime autant les envoyer au coin de Saint-Laurent et Sainte-Catherine et c'est encore trop bon pour eux!

Les Noirs des îles ne sont pas différents. Ça se prend pour des super-étalons. C'est vrai qu'ils n'ont rien que cela pour se vanter. On ne peux pas dire que ça roule sur l'or et je n'aurais surtout pas envie de vivre comme eux. Je sais que ce n'est pas toujours de leur faute, mais je ne vois pas pourquoi ils crachent sur tout le monde quand ils sont dans la merde par-dessus la tête.

Je pourrais bien vous parler ainsi de toutes les races parce que j'en ai passé de toutes les sortes et de toutes les couleurs. Je n'aime pas les Asiatiques. Peut-être parce que je me sens tellement perdue avec eux. J'aime coucher avec les femmes de ces pays-là, par exemple. Elles en connaissent long sur le sujet. Ça ne paraît peut-être pas, mais une petite Vietnamienne, ça sait des trucs qui vous font arrondir les yeux.

Mais les individus, je me sens un peu perdue avec eux. Ils sont habitués à tellement d'affaires différentes, que je ne connais pas, avec leurs femmes! Non, ce n'est pas mon style. Je ne dois pas être une vraie geisha!

Quant aux Japonais, ils sont rendus tellement comme les Américains et comme nous autres, que je ne vois pas de différence. Il y en a une cependant: ils sont drôlement plus polis. Ça fait changement d'avoir des clients comme eux de temps en temps. Polis, et puis raffinés, comme dit Madame R. Ça me fait rire de l'entendre dire ça. On ne sait jamais ce qu'elle pense parce qu'elle se met à rire, un petit rire de poule effarouchée, et ses pattes d'oie se plissent... Dans son temps, ça devait être un fameux numéro que cette madame R.!

Raffinés, oui, c'est vraiment ça. Je ne pourrais pas trouver d'autre mot pour mieux les qualifier. Et puis, il y a les Européens. Il y en a de toutes les races, c'est vrai: des Espagnols, des Italiens, des Allemands, des Français, des Anglais.

Il y a vraiment une différence quand vous les regardez dans le lit. Il y a les Italiens, les Espagnols et les autres. Les Italiens, je n'ai pas besoin de vous en parler, ils ne sont pas méchants, mais un peu trop machos sur les bords. Eux aussi, surtout les jeunes, ils se vantent plus que de raison. Mais ils ne sont pas comme les Arabes avec les femmes. Ils aiment les femmes et ils aiment jouer aux fesses... Et quand ils ne jouent pas un rôle pour essayer d'épater tout le monde, ils sont bien corrects.

Pour ce qui est des autres, je dois dire que ça dépend de chacun. J'ai un petit faible pour les Suédois, par exemple. Ces gens-là, parce qu'ils sont habitués à regarder le sexe comme quelque chose d'ordinaire, ils ne font rien comme les Québécois qui sont tous très frustrés dans le fond. Ils prennent le temps d'en profiter et ils savent ce qu'ils font et où ils s'en vont. Bien sûr, avec une fille qui est payée pour s'étendre, ils ne mettent pas nécessairement des gants blancs, mais ils font attention. Plus que n'importe quelle autre race. C'est vrai que je prêche un peu pour ma paroisse parce que je vous ai déjà dit que je les aimais bien. Disons que j'ai un petit faible pour eux.

En fait, quels sont ceux qui sont les meilleurs? Chose certaine, ce ne sont pas nécessairement ni toujours ceux qu'on pense. D'ailleurs, c'est bien connu, les mâles qui se vantent le plus sont toujours ceux qui ont quelque chose à prouver. Vous n'avez qu'à regarder les playboys. Ces gars-là passent leur temps à courailler les femmes parce qu'ils veulent se prouver qu'ils sont capables d'en accrocher. J'en ai connu un, à New York. Son «speed», c'était d'accrocher une bonne femme, de l'emmener dans sa chambre, de la mettre à poil... Ensuite, il se contentait de la faire jouir, la sacrait à la porte et essayait d'en accrocher une autre. Il était impuissant le bonhomme. Mais ça lui prenait des femmes, simplement pour montrer aux autres hommes qu'il était aussi capable. C'est grave ça!

Un autre playboy passait son temps à se balader avec sa chemise ouverte sur une poitrine très velue. Il disait que ça faisait «flipper» les femmes... Mais la vérité, je l'ai sue plus tard par une fille qui lui en voulait, c'est que ses poils sur la poitrine, c'était rien que de l'artificiel: une moumoute qu'on appelle ça, je pense. Il faut pas être capoté, non?

Je pourrais vous en raconter des bonnes sur certains

types que j'ai eus personnellement. Du monde bourré de fric, plein aux as. Ça a un jet privé et ça se promène partout dans le monde. Bien souvent, c'est tellement saoul que ce n'est même pas capable de la lever. Tu peux les exciter tant que tu veux, ça reste mou et sec. Ça fait des soirées longues et des jobs plates!

Je vous en parle comme ça parce que, dans le fond, les gens s'imaginent toujours que des super-étalons ça court les rues. Les gens croient que les Noirs sont vraiment les mieux membrés de tout l'univers. J'ai pourtant vu des Japonais tout petits qui vous en avaient toute une, yer, sir!

Mais ce n'est pas ça l'important. Je ne suis certainement pas la première à vous le dire ni la dernière: ce n'est pas la longueur de la pine qui fait une grosse différence dans le lit. Une fille qui en veut une grosse peut toujours se remplir avec un dildo ou un truc comme ça. Moi, en tout cas, ça ne m'a jamais fait un pli de plus entre les deux fesses que le bonhomme ait une douze pouces ou une six pouces bien ordinaire. C'est la manière de s'en servir qui fait toute la différence. De toute façon, pour moi, je suis payée pour leur donner du plaisir, alors, petite ou grosse, quand ça crache, c'est le signal de la fin et je me rhabille sans même me retourner!

Mais il y a des hommes qui, même s'ils sont avec une professionnelle, en veulent pour leur argent et vont prendre leur temps pour faire durer le plaisir. Ils aiment ça caresser un beau corps de femme et je ne veux pas me vanter, mais j'ai toutes les courbes qu'il faut, et à la bonne place. Un gars qui veut s'amuser avec moi a du pain sur la planche. Je ne déteste pas ça quand un gars prend un peu plus de temps pour montrer qu'il aime mes seins et qu'il me trouve de son goût. Après tout, je ne suis pas faite en bois.

Ce n'est pas parce que je les passe l'un après l'autre que je ne suis pas capable d'apprécier un mec qui se donne la peine de goûter la marchandise. Souvent, ce sont eux les meilleurs. Moi, je n'ai pas l'habitude de perdre les pédales avec un bonhomme. D'autant plus que ce n'est pas bon pour les affaires que de se laisser aller avec un client; mais j'en ai quelques-uns qui me faisaient avoir de maudits beaux frissons et que j'aurais bien aimé rencontrer plus tard à mon appartement, après les heures «d'ouvrage».

Prenez, par exemple, mes mâles préférés. Ce n'étaient pas des types mieux pris que les autres. C'étaient simplement des gars qui voulaient avoir du plaisir. Pour eux, l'agrément ce n'était pas simplement de la mettre dedans au plus vite et puis de me clouer sur le matelas. Ils aimaient un peu de fioriture, beaucoup même. C'est ça qui met du piquant dans la vie. Une pine, ce n'est pas grand-chose à vrai dire, et ça ne sert pas à grand-chose non plus si tu ne fais que la faire lever, la mettre dedans et puis oups, fini!

Bien sûr, c'est ça que je fais avec mes clients. Après tout, je ne suis pas professeur de sexe. Et s'ils ne connaissent rien, je ne suis pas là pour leur montrer tout ce qu'ils peuvent faire avec leurs deux mains ou avec leur bouche. Moi, bien souvent, quand ils éclatent, c'est fini et je peux penser à un autre client. Au tarif que j'exige, je n'ai pas intérêt à m'attarder trop longtemps avec le même bonhomme, d'autant plus que je ne le reverrai probablement jamais de toute ma vie, alors... Par ici les beaux billets et engraissons le compte de banque.

Les meilleurs, finalement, je dirais que c'est une question de tempérament. Un bonhomme qui ne se prend pas pour un autre a bien plus de chances d'arriver à de meilleurs résultats qu'un gars qui se prend pour la fin du monde.

Il y en a qui n'en ont jamais assez. Ils aiment ça. Et ça paraît. Il y en a d'ailleurs que je suis pratiquement obligée de mettre à la porte ou de doubler le tarif tellement ils en veulent. Je n'ai rien contre ça, mais je ne peux disposer de toute une journée rien que pour un client.

À part une couple de mâles que j'aimerais bien revoir de temps en temps, moi, ce que je préfère, pour moi personnellement, bien entendu, c'est une petite partouse à trois. Avec ma petite Vietnamienne et un copain que j'ai rencontré il y a à peu près un mois dans un party chez un organisateur politique à Drummondville. Le gars est bien pris, bien fait, et il sait s'en servir... Puis ma petite Vietnamienne, elle est tellement délicate, tellement raffinée que quand elle se met à me caresser, c'est comme si je me mettais à flotter sur un nuage... Ces deux-là avec moi dans le lit? Wow! C'est ma meilleure recette!

Chapitre 10

PETITES ORGIES INTIMES

Quand nous sommes revenues de notre tournée des «grandes duchesses», Myriam et moi, mon répondeur automatique avait enregistré un appel de Corinne, la petite Française de l'écurie de Madame R. «N'oublie surtout pas l'anniversaire de Madame R., vendredi soir!»

J'ai fait les yeux ronds. Merde! Heureusement que Corinne m'avait téléphoné, sans ça je l'oubliais complètement. J'aurais eu l'air folle d'arriver là les mains vides. D'autant plus que c'était toujours un fameux party quand on fêtait Madame R. Je me souviens que, l'année dernière, ça avait duré trois jours. Cette année, je vais me préparer et je vais arriver là avec ma valise.

Myriam me regardait d'un air curieux. C'est vrai qu'elle ne fait pas partie de l'écurie, elle, et qu'elle ne sait pas comment ça s'est déroulé la dernière fois. Une vraie bande de cinglés lâchés en pleine nature. Parce qu'il faut vous dire que nous n'osons pas faire ce petit party d'anniversaire en ville. Nous nous ferions certainement arrêter par la flicaille. Une descente comme dans le bon vieux temps, je n'ai pas de misère à le croire.

Nous nous organisons pour louer une place tranquille et assez éloignée pour ne pas être dérangés par les curieux. Parce que si le monde se doutait de ce qui se passe à ce party-là, il n'y a pas de doute qu'il y aurait pas mal de candidats pour avoir des billets.

Je ne veux pas vous raconter tout ça en détail parce que ça prendrait un livre d'au moins deux cents pages tellement les filles en ont fait des vertes et des pas mûres. Je me rappelle que le clou de la soirée, c'est quand on avait apporté le gâteau d'anniversaire. C'était une fille (une vraie, là!) étendue sur un grand plateau en argent et toute couverte de crémage avec des chandelles sur le ventre. C'était Nini qui faisait le «gâteau». On avait invité une couple de gars et ils s'étaient pas gênés pour lui manger le «crémage». Madame R. avait trouvé ça bien «touchant», comme elle avait dit, de voir Nini avec la chatte rasée, de la crème sur tout le corps et les gars qui la mangeaient à grands coups de langue. Ma folle était tellement excitée qu'elle s'est mise à se tortiller et le crémage revolait partout. J'en avais jusque dans les cheveux. Finalement, comme nous étions toutes pas mal crémées, nous avons décidé d'aller prendre nos ébats dans la piscine. Je me souviens de la face du gérant de l'hôtel qui ne voulait pas que les filles se baladent toutes nues, mais quand tu as affaire à une vingtaine de filles, toutes taillées au couteau, tu ne protestes pas longtemps et tu vas chercher ton appareil-photo. Nous avions même préparé une sorte de petite séance pour Madame R. C'était cochon à mort. Corinne avait trouvé un Noir chauve, bâti comme Hercule, et qui vous avait une queue, et toute une. Il faisait peur! Rien qu'à le voir j'en avais des frissons. Madame R. jouait la sultane d'un harem. Elle avait des gars et des filles et ça lui obéissait au doigt et à l'oeil. Elle avait fait attacher une fille toute nue à une espèce de croix de bois en «X» et elle s'amusait à lui faire toutes sortes de trucs pendant que ses «favoris» et ses «favorites», comme elle appelait les gars et les filles de son harem, s'envoyaient en l'air dans toutes les positions. C'était pas mal cochon et ça excitait drôlement les esprits, d'autant plus qu'avec tout le champagne que nous avions bu, ça riait fort et les filles en montraient plus qu'elles en faisaient au début du party. Ça dormait dans les coins, ça baisait sous les tables. Je me souviens de Lora qui était assise, prise d'une crise de fou rire, pendant que les jambes toutes repliées, elle avait John, un étalon d'un club du centre-ville, qui lui mettait des cerises dans la chatte. Il voulait se payer une cerise qu'il disait. Ma folle a goûté la cerise pendant à peu près deux semaines. Ses clients réguliers aimaient ça et elle a dû se taper le pot de cerises au marasquin pendant à peu près six mois. Elle en était rendue à s'en mettre une dans la chatte pour chaque client. Tu parles si on la trouvait drôle.

Nini riait tellement qu'elle en pissait par terre. Elle se tenait debout, les jambes écartées et elle restait plantée là tandis que ça lui coulait sur les cuisses. Quand elle marchait, ça faisait floc, floc... Même que René, un jeune, pas mal bien pris et vicieux comme vingt, a décidé de la laver à grands coups de langue. Madame R. lui a dit d'arrêter parce qu'elle trouvait ça trop dégoûtant. Pourtant, que lui a dit René, elle connaissait les manies de Monsieur G., un vieux client de la maison qui aimait ça pouvoir goûter quelques gouttes de temps en temps. Tellement, qu'il collectionnait les petites culottes des filles et qu'il fallait pratiquement le fouiller avant qu'il sorte de peur qu'il les emporte toutes.

Mais le meilleur, c'est quand Corinne a décidé d'épuiser son gros Noir. Nous nous étions toutes mises autour du couple pour voir si elle allait toffer. J'ai vidé une bouteille de champagne dans le gosier du type pendant qu'il était sur le dos, Corinne à cheval qui montait et descendait comme si elle faisait du rodéo. Bien, le Noir l'a épuisée. Nini a pris sa place, puis moi, puis Nini encore et, finalement, Corinne s'est assise sur la face du nègre pendant que nous étions deux à lui faire une sucette fantastique. Je le revois encore, ce monstre-là, il s'était endormi sur place, une grand sourire dans la face.

Je ne sais pas si ça va se passer de la même manière cette année, mais c'est toujours un, deux ou trois jours de partouse à n'en plus finir. Nous en profitons d'autant plus que nous sommes entre filles qui nous connaissons bien. Madame R. qui tient à sa dignité, comme elle dit, part habituellement après la remise du gâteau et des cadeaux. Elle ne veut pas assister à toutes nos folies qu'elle dit. «Ce n'est plus de mon âge.» Je me demande si, cette année, je vais pas y aller avec son fiston chéri... Ça serait pas mal «hot» de donner la fessée à son fiston devant tout le monde. Il tripperait bien raide d'avoir une vingtaine de femelles en chaleur lui donner la fessée à tour de rôle. Il pourrait me servir d'esclave! Ça serait une pas pire idée. Je pense que je vais en parler à Corinne qui est l'organisatrice cette année. Je ne voudrais surtout pas que Madame R. prenne ça mal. J'aurais des problèmes après...!

Mais des partouses dans ce genre-là, intimes, je veux dire, j'en ai vu des vraiment bonnes, de celles qu'on n'oublie pas de toute sa vie. Par exemple, il y a celle qu'on avait appelée la «grande bouffe», comme le film.

Ça se passait aux Fêtes l'an passé. J'avais voulu faire les choses en grand pour une fois. Quand j'étais plus petite, j'avais toujours rêvé d'un gros party de Noël avec de la mangeaille à s'en rendre malade. Mais dans la famille, c'était comme chien et chat, alors les Fêtes, on pouvait faire une croix dessus. Les enfants recevaient des cadeaux et allaient se coucher. Ça finissait là. C'était plate à mort, pas besoin de vous faire un dessin, non?

J'avais frappé un bon mois de décembre et j'avais décidé de mettre une couple de piastres de côté pour ce party-là et je voulais vraiment faire ça en grand. En mettre plein la vue aux filles et à leurs caniches. J'avais tout prévu, j'avais engagé un maître d'hôtel et je lui avais dit que je voulais un repas qu'ils n'oublieraient pas pendant vingt ans. Il avait ri et m'avait conseillé un repas gastronomique. Je ne me souviens plus comment il appelait ça, attendez... quelque chose comme Louis XV. En tout cas, il disait que ça allait consister en une trentaine de plats différents et du vin pour chacun des plats, des entrées, des desserts, de fromages, des fruits... tout ce que vous voudrez.

Pour épicer le party, j'avais demandé à chacun des convives de venir costumé et de préparer un petit spectacle pas trop long avant de passer à table. On allait danser sur la table et, après, chacun s'assoyait à sa place. Quand tout le monde avait passé, on se retrouverait tous tout nu. Puis, le maître d'hôtel, un bonhomme pas mal enjoué et qui trippait à mort sur ce party-là, avait suggéré d'attendre le dessert pour faire le show. Ça serait plus intéressant quand tout le monde aurait un petit coup derrière la cravate qu'il disait.

Il avait joliment raison, le vieux vicieux. Ce bonhomme-là a eu tellement de plaisir (vous pensez bien qu'il a eu sa «part» de réjouissances lui aussi) qu'il me téléphone chaque année au début de décembre pour savoir si je n'ai pas envie de refaire le même party!

Nous avons mangé comme des cochons. Je n'avais jamais vu tant de bouffe de toute ma vie. C'était tellement bon, tellement bien préparé! Et puis les bouteilles de vin, les apéritifs, les digestifs, les trous normands, tout ce que vous voudrez. Je pensais qu'on allait en avoir pour au moins deux semaines. En fait, on en a eu pour une couple de jours même si on a perdu des participants en chemin.

Les filles surtout ont trouvé des costumes cochons à

mort et les petits shows qui allaient avec. Je ne sais plus laquelle avait dansé avec un serpent fait avec des dildos en caoutchouc? Je ne m'en souviens plus, mais elle avait le tour de rendre ça cochon, très cochon. Moi, j'avais dansé avec une poupée gonflable mâle. La catin vous avait une tige d'à peu près un pied de long. Je finissais couchée dessus avec la tige en dedans, vous pensez bien. Je ne me souviens plus de tout ce qui s'était passé là, on avait tellement bu. Mais quand on s'est réveillé, on n'a pas voulu lâcher et le party a continué comme ça pendant quelques jours, de Noël au Jour de l'An. Écoeurant. Ça m'avait coûté quelque chose comme cinq mille piastres. Est-ce que ça se peut être folle de même? Mais maudit qu'on avait eu du plaisir.

Une autre fois, je fus invitée un party d'ouverture d'une boîte pour lesbiennes dans le centre-ville. L'ouverture se faisait sur invitation seulement et vous auriez dû voir les bonnes femmes engagées comme «bouncers». J'pense que j'ai rarement vu même des hommes plus gros qu'elles. Des paires de bras et des mains comme des raquettes de tennis. Je n'aurais pas aimé avoir une taloche de ces filles-là ce soir-là.

Je m'étais fait accompagner de Loulou qui s'habille tout le temps comme Humphrey Bogart. Ça faisait pas mal sexé, surtout que les poulettes qu'il y avait là étaient dans le mangeable, de quoi vous donner une indigestion. Les filles qui servaient étaient toutes habillées simplement avec une couronne de feuilles sur la tête... L'idée était appétissante, surtout qu'elles étaient toutes très jeunes (à peu près dix-sept, dix-huit ans) et choisies pour leur beauté. Ça bavait rien qu'à voir le troupeau de petites jeunes qui se baladait toutes nues là-dedans.

Moi, en tout cas, j'ai perdu mon Humphrey Bogart plusieurs fois ce soir-là. J'ai eu l'occasion de faire connaissance avec des tas de filles pas mal le fun dont j'ai soigneusement noté les numéros de téléphone. J'en revois plusieurs très souvent encore aujourd'hui. Ce party-là a eu lieu il y a quatre ans, si je me souviens bien.

Les propriétaires avaient tout prévu et il y avait des petits salons avec tout ce qu'il fallait pour se donner du plaisir. La boisson était gratuite et coulait à flots. Il y a eu un concours de strip-tease, un concours de je ne me souviens plus quoi. Du cul, en veux-tu, il y en avait. J'en avais une échauffaison à force de me faire manger.

Il y eut le concours de la plus virile. Ça c'était pas mal le fun de voir les femelles se déshabiller et de montrer leur «virilité». Il y en avait qui portait des slips très sexés avec des dildos en dessous pour donner l'illusion d'un pénis. Vous auriez dû voir la viande qu'il y avait là. Oui! Moi, je ne trippe pas tellement sur les filles trop hommasses, mais il y en avait beaucoup dans la place qui en avaient les yeux sortis de la tête. Une, entre autres, qui faisait de la nage professionnelle et qui était bâtie comme un gars. Elle n'avait pratiquement pas de seins et avait un clitoris d'à peu près quatre pouces de long et gros comme un index. Elle a gagné le premier prix. Sa récompense: choisir une fille dans la salle et lui faire l'amour devant tout le monde. J'ai été l'heureuse élue. Mon Humphrey n'a pas aimé ça me voir m'exhiber comme ça sur scène. J'avoue que ça fait drôle d'avoir un clitoris qui vous fouille comme ça entre les cuisses. Quant à «Humphrey», je suis allée la consoler dans un des petits salons par la suite. Après tout, j'aurais mal pris ça si elle s'était choquée. Nous faisions juste nous accompagner ce soir-là, nous ne nous avions pas juré fidélité.

À force de chercher dans mes souvenirs, il y en a quelques-uns qui me reviennent. Il y en a dont je vous parlerai une autre fois, des histoires de party politique ou des affaires de finances. D'ailleurs au sujet des finances, j'en ai long à vous raconter, ça va certainement prendre tout un bon chapitre.

Il y a bien eu le concours de «Miss Sexe» voilà un bon deux ans. Je ne me rappelle plus très bien comment ça s'était organisé ce party-là, mais je me souviens que ça avait été dans le super-cochon. En fait, Miss Sexe, c'était la fille qui arrivait à faire le truc le plus cochon, pas le plus écoeurant, mais le plus excitant. Il fallait trouver une idée originale. Ah oui! ça me revient. C'était après les dernières élections. Il y avait beaucoup de filles des États-Unis qui étaient venues dans le coin pour l'été et puis plusieurs voulaient rester à Montréal. Madame R. avait été approchée pour en prendre quelques-unes, mais elle ne savait pas lesquelles choisir. Une des filles lui avait alors suggéré d'organiser une sorte de concours. C'est de là qu'est venue l'idée du concours "Miss Sexe". Je m'en souviens bien maintenant. J'avais participé, mais je n'avais pas gagné parce que la gagnante devait nécessairement faire partie des nouvelles qui voulaient travailler pour Madame R. Les filles de la place étaient hors concours si je peux dire. Mais ça avait été fameusement amusant.

Parmi celles qui voulaient rester à Montréal et travailler dans l'écurie de Madame R., il y en avait surtout trois qui étaient fameusement mangeables. Je savais bien que Madame R. n'allait pas refuser d'augmenter ses revenus, mais elle était pointilleuse sur ses filles. Elle ne voulait pas faire des millions, qu'elle disait tout le temps; elle voulait surtout faire la belle vie et ne pas avoir de problèmes. Les problèmes, c'était son obsession. Elle avait horreur des problèmes et je sais, pour avoir surpris une conversation qu'elle avait eue avec quelqu'un de très haut placé, que ça lui coûtait fameusement cher pour ne pas être trop achalée. Ce qui ne veut pas dire qu'elle achetait les flics. Ils sont difficilement achetables. Ça arrive, mais tu peux pas acheter toute la police au complet. Tu achètes un flic mais, dans le fond, comme elle disait, ce n'était pas recommandé. Le gars, quand il était mouillé, commençait à vouloir se mêler un peu trop des affaires et ça foutait le bordel.

Et puis des filles, si elle en voulait, elle pouvait en trouver à la pelle. Non. Elle voulait un certain type de filles, des travailleuses et surtout des filles qui ne faisaient pas de problèmes. Mais pour nous amuser, elle nous avait laissées organiser ce petit concours. «Après tout, qu'elle avait dit, ça ne peut pas nuire de voir ce qu'elles sont capables de faire et puis ça va vous donner une couple de trucs, hein, les filles?»

Nous trouvions ça amusant. D'ailleurs toutes les occasions de s'amuser étaient bonnes. Ça finissait toujours en partouses qui duraient des jours et des jours. Cette fois-là, les filles s'étaient procuré des caméras et voulaient organiser quelque chose qui sortait de l'ordinaire.

Ce que j'aime mieux me rappeler, c'est le show qu'avaient fait deux jumelles, deux petites garces qui avaient tout juste dix-huit ou dix-neuf ans, des négresses, des mulâtres plutôt. Maudit qu'elles étaient belles, ces filles-là. Elles faisaient leur show avec une poupée mâle et je vous garantis que c'était dans l'excitant pas ordinaire. Ça commençait par une séance de déshabillage, les deux jumelles qui se pelotaient pour mieux se réchauffer, puis l'huile sur le corps, le rasage des pubis, qu'elles taillaient en coeur, et ensuite l'une d'elles prenait la poupée gonflable, la gonflait et le show continuait alors que ça s'amusait ferme avec le truc et toutes les deux en même temps. Le scénario était pas particulièrement original vous allez me dire, mais je les revois encore les deux petites chiennes. Deux vraies vicieuses. Ça paraissait qu'elles aimaient ça. D'ailleurs toutes les autres filles qui étaient là en avaient les yeux sortis de la tête de les voir donner leur show.

Je ne pourrais pas expliquer ce qu'elles avaient de tellement spécial, mais elles avaient le vice au corps. Quand elles se baisaient sur la bouche, elles prenaient tout leur temps, on voyait les langues qui se touchaient, elles avaient une façon à elles de s'écartiller pendant que l'autre lui donnait un coup de langue ou manipulait la poupée. Même Madame R. qui n'est pas du genre émotive en avait la sueur au front. Ça devait lui rappeler de fameux souvenirs. Évidemment, les jumelles ont remporté le concours haut la main. C'est pour ça qu'on a eu deux «Miss Sexe» cette année-là. Malheureusement, elles ont pris l'avion pour l'Europe pas longtemps après... Elles aimaient mieux aller travailler là-bas. Moi, je les trouvais folles toutes les deux, l'argent est en Amérique, pas en Europe et puis là-bas, les professionnelles il y en a trop. La concurrence fait baisser les prix et puis c'est plein de flics qui se fourrent le nez dans vos histoires. Non, Londres m'avait amplement suffi. Je ne comprenais pas les deux négresses. Elles auraient fait de l'argent comme de l'eau par ici. Surtout avec leur petit show cochon, elles auraient pu le faire en privé et faire fortune avec ça.

On avait eu aussi le concours de «Monsieur Étalon de la province de Québec». Le gagnant avait le droit d'enfiler une... jument! Une vraie! Nous avions bien ri cette fois-là. Surtout que ça ne manquait pas de mâles joliment bien équipés. C'est un bonhomme, propriétaire d'un club de gogo boys, qui avait organisé ça dans un ranch des Cantons de l'Est. Nous avions le ranch à nous autres pour toute la fin de semaine. Le concours se déroulait le samedi soir et les festivités commençaient dans l'après-midi. Vous auriez dû voir les poulettes qu'il y avait là pour voir ces beaux mâles. De la grosse, il y en avait. Mais il fallait aussi montrer comment s'en servir.

Évidemment, ce n'était pas ce qu'on pouvait appeler une orgie intime parce que nous étions une jolie gang, mais en fait d'orgie ça valait le coup d'oeil.

Un show que j'avais bien aimé, c'est celui qu'un culturiste faisait: au lieu de se servir de poids et haltères, il se servait d'une fille. Une belle petite fille qui avait quinze ans peut-être. Des petits tétons durs, une petite chatte très jolie avec son duvet blond. Le gars était pris comme un cheval et il la levait à bout de bras, la collait sur lui, la soulevait par les hanches pour l'enfiler tandis qu'il la tenait à bout de bras, toutes sortes de mouvements style ballet-jazz, mais en même temps, ils se faisaient l'amour tous les deux. Ça faisait drôle de voir le gars prendre la fille, la tourner à l'envers, coller sa bouche sur la chatte de la fille pendant qu'elle, elle l'agrippait aux hanches et elle lui faisait une sucette en profondeur. Je ne sais pas comment le gars faisait pour ne pas éclater, mais il savait se retenir en maudit. La fille avait beaucoup de talent et il y avait plusieurs spectateurs et spectatrices qui se demandaient qui elle était et si elle était disponible après le show. Elle a été très en demande. Le gars, lui, on aurait dit qu'il se réservait pour autre chose. Après son show, il a eu droit à des applaudissements nourris et, haut la main, il a remporté la palme. Il n'était pas le meilleur à mes yeux, mais il était très bien pris et je pense que les femmes du jury voulaient absolument le voir avec la... jument!

Ça avait d'ailleurs été le clou de ce concours particulier. Il était à peu près une heure du matin quand le champion, Monsieur Étalon, avait eu droit à son prix. On avait emmené la bête sur la scène et on avait placé un petit tabouret de façon à ce que le champion puisse profiter de son prix. Moi, j'aurais pensé qu'ils auraient pu lui trouver autre chose comme premier prix mais, dans le fond, pour un Monsieur Étalon, c'était le prix logique.

Ça avait été quelque chose de voir le type agripper l'animal solidement attaché et le posséder avec une vigueur qu'il avait cachée pendant son spectacle de la soirée. Oui, vraiment quelque chose de spécial. Quoique, personnellement, ce genre de truc, ça ne m'intéresse pas tellement. Mais le plaisir de cette fin de semaine-là, c'est que les concurrents se baladaient dans la salle, nus, et celles qui avaient envie de vérifier leurs talents dans l'intimité pouvaient évidemment le faire. Gratuitement et aussi longtemps qu'elles en avaient envie. Ce fut une joyeuse partie de fesses.

N'allez pas croire que tous nos partys finissent comme ça. Des fois, dans les maisons privées, il s'en passe des fameux, mais j'aime autant ne pas en parler parce que c'est pratiquement toujours le même scénario et ça finit chacun de son côté dans son petit coin. On dirait que les gens sont gênés de faire une vraie belle partouse tout le monde ensemble. Ça arrive, mais ce n'est pas tellement fréquent.

Un de mes meilleurs souvenirs, cependant, reste ce petit film porno-maison qu'on avait tourné avec deux gars des États-Unis, dont l'un était une vedette des films pornos en Californie. Il faut dire qu'il était bien pourvu sexuellement. L'autre, un Noir, en avait une très respectable, mais lui, il était capable de se retenir pendant un temps indéfini. Les filles qui les avaient rencontrés m'avaient téléphoné. Elles voulaient un appartement très chic pour tourner leur film. Pour elles, simplement pour s'amuser et voir ce que ça donnerait. Finalement, j'ai accepté à condition de faire partie du film moi aussi.

Nous n'étions pas équipés comme les vrais producteurs de films. Ça prend tout un équipement et toute une équipe pour tourner ça. Nous voulions simplement nous amuser et enregistrer ça sur une cassette vidéo et en faire des copies pour chacun d'entre nous. Un petit souvenir, quoi!

Nous avions commencé par un cognac avec des oeufs dans du lait. C'est toujours la meilleure recette pour se donner des forces. Il y en a qui prennent des oeufs, et rien d'autre; certains aiment mieux les huîtres; moi, personnellement, mon petit mélange au cognac est toujours très efficace.

Pour ce qui est du *spanish fly* et des autres cochonneries chimiques, très peu pour moi. À l'occasion, de la cocaïne, ça donne du «pic», mais je ne veux pas me risquer à en prendre trop souvent. On ne sait jamais où ça nous mène et j'en connais plus d'une qui, une fois qu'elles ont commencé ça, ne peuvent plus s'arrêter. Pas parce qu'on reste accroché nécessairement mais, je le sais par expérience, la coke est tellement bonne quand elle n'est pas coupée avec toutes sortes de cochonneries qu'on a toujours envie d'en prendre. Alors, je préfère ne pas en prendre trop souvent. Ça va m'arriver, aux autres filles aussi, mais nous sommes là pour la piastre. J'en connais trop des filles qui se vendent à n'importe qui, à n'importe quel prix, simplement pour pouvoir se payer de la dope. Pas mon genre, merci bien.

Alors, nous étions là, à prendre nos drinks, quand Maryse, une des filles, se mit à caresser la bitte de John un des deux gars. Il en avait toute une ce gars-là. Je comprends pourquoi il était une vedette du cinéma porno. Avec un machin pareil, on fait son chemin dans la vie. Maryse a toujours eu un faible pour les «gros». Aussi, ça ne lui a pas pris de temps pour la sortir et elle la regardait avec de gros yeux «méchants». Ça me faisait rigoler de la voir se lécher les babines comme une grosse chatte gourmande qui va se régaler d'un morceau de choix. John aussi rigolait. Il avalait le cognac à grands verres et il commençait même à avoir le rire un peu facile. Je n'étais pas fâchée que Maryse s'en occupe, sinon il ne serait plus capable de rien faire. Mais je me suis rendu compte que c'était mal le connaître parce qu'il ne fonctionnait bien que lorsqu'il était à moitié saoul. Il y en a comme ça... quoique j'aime autant ne pas prendre de chances. Le contraire est plus souvent vrai. L'autre gars, le Noir, se contentait de caresser les nichons de Mary-Lou, une fille qui en a une belle paire. Moi, j'attendais mon moment. Je voulais les laisser commencer et ensuite embarquer dans le tas. Je n'avais pas envie de débuter trop vite, histoire de bien m'échauffer et puis, ça prenait quelqu'un pour tenir la caméra, non?

Maryse roucoulait, sa petite langue vorace faisait des petites chatteries au gros John qui ronronnait de plaisir. Il avait l'air de se demander si sa copine allait être capable de s'envoyer un instrument comme celui-là. Moi, je connaissais Maryse et je savais qu'elle était capable de prendre n'importe quoi quand ça lui disait. Mary-Lou ne voulait pas rester toute seule dans son coin, aussi, ses doigts descendirent la fermeture éclair du pantalon de son compagnon Noir et voilà la petite bibitte (petite, c'est vite dit!) qui se montre à l'air libre. Beau morceau lui aussi.

Ça s'annonçait pas mal «hot». Intéressant. J'avais des frémissements dans les jambes et je me disais que ça pouvait être pas mal bien si les filles étaient en forme et si les gars étaient capables de tenir le moindrement longtemps. Je ne savais pas que Nick, le Noir, était capable de tenir aussi longtemps qu'il le fallait. J'allais m'en apercevoir.

«*Nick, look at that back entry!*» lança John en relevant la robe de Maryse qui était à quatre pattes en train de gnougnouter sa virilité. Nick eut un rire allumé. Mary-Lou n'avait pas l'air offusquée quand Nick se leva et alla se planter derrière Maryse. Oui, mes enfants, ça s'annonçait dans le cochon. Je regardais toute la scène par le viseur de la caméra-vidéo et quand je vis Maryse arrondir les yeux, la caméra se porta à l'arrière où Nick, doucement, lui enfilait le bonbon. Et voilà Mary-Lou qui se faufile sous les jambes de Nick et de Maryse. Sur le dos, en dessous, elle se met à les exciter de ses doigts et de sa bouche. Nick ricanait en faisant des commentaires salés et moi, ça me démangeait tellement que je posai les pieds sur le fauteuil, histoire de laisser courir mes doigts... comme dans les pages jaunes. Sauf qu'elles étaient roses et joliment juteuses.

John me regardait et me disait de l'ouvrir encore plus, et ça m'excitait de le voir, lui et Nick, qui me regardaient avec de gros yeux affamés tandis que j'essayais de l'ouvrir et de me caresser d'une seule main. J'ai failli balancer la caméra mais j'ai réussi à la garder d'une main quand j'ai vu ma petite Vietnamienne entrer dans la pièce. Je ne savais pas ce qu'elle venait faire chez moi sans s'annoncer (elle a une clé!) mais elle était la bienvenue. Je lui tends la caméra et, sans perdre de temps, j'enlève tout ce que j'ai sur le dos et je monte sur le fauteuil, à cheval sur la tête de John qui m'agrippe les hanches et se met à me faire minette.

À quatre, comme ça, c'était pas mal spectaculaire. Ça nous donnait des idées pour d'autres positions. On essayait toutes sortes de trucs. Et puis, on faisait exprès, pour avoir des gros plans magnifiques. On a fait un film mauditement cochon, je vous le jure. Je le regarde encore assez souvent et je me dis que si ces deux-là revenaient dans le paysage, on pourrait peut-être tourner une suite. Il n'y a eu que ma petite Vietnamienne pour ne pas apprécier tellement cette séance. Il faut la comprendre, elle est lesbienne; alors tout ce qui est mâle, pour elle, est dégueulasse. Vous auriez dû l'entendre crier quand les gars ont voulu se l'envoyer. Heureusement que j'étais là pour les en empêcher, ils en avaient assez de trois, sans ça, elle allait y passer comme les autres. Ce qui ne l'a pas empêchée, plus tard, de nous faire une petite démonstration, à toutes les trois, de ses «immenses» talents. Quelle langue elle a cette petite!

Il y a eu des tas de petites orgies du genre. En fait, chaque fois que nous avions l'occasion de fêter quelque chose, nous nous ramassions toute une gang et... les culottes à terre... et le reste dans le lit.

Sans parler de toutes les «initiations» que nous imaginions chaque fois qu'une nouvelle ou un nouveau se pointait dans notre groupe. Ce n'était pas vraiment des initiations, mais plutôt l'occasion de faire un petit party. Quand on passe tout son temps sur le dos pour donner du plaisir à des clients alors, quand on en a la chance, on se fait vraiment plaisir à soi-même. Et c'est très différent, quoique les gens peuvent en penser.

Quand c'était l'anniversaire d'une des filles de la bande, c'était encore le party. Quand c'était un événement quelconque, on fêtait ça. On aurait tout le temps fêté si on s'était écoutées, mais il fallait travailler. Remarquez que souvent, d'ailleurs, dans la profession, l'utile et l'agréable, ça se ressemble pas mal. Mais il ne faut jamais oublier que quand on travaille, il y en a toujours un, entre autres, celui qui paie, pour demander qu'on s'occupe de lui un peu plus particulièrement. Alors, je trouve que ça casse le party. Pas toujours, mais souvent! C'est pour ça que les petites orgies intimes et les clients, ça ne va pas ensemble. Le travail d'un bord et le plaisir de l'autre. D'autant plus que, contrairement à ce que les gens pensent, les deux ne vont pas ensemble, même dans notre profession!

Chapitre 11

LA POLITIQUE?
ÇA VAUT PAS L'Q!

Hier soir, j'ai passé la soirée avec Madame R. et un type qui s'appelle... ou plutôt que j'appellerai Claude! Tout en s'occupant de politique, il avait l'air pas mal intéressé à s'assurer les services de quelques poulettes pas farouches pour mousser la candidature de je ne sais trop quel bonhomme. De toute façon, pour moi, la politique c'est du chinois. Je ne m'en mêle pas. Mais je commence à avoir une très bonne idée de la façon dont ça s'organise, et surtout de la façon dont ça se déroule.

Mon expérience de la politique, je l'ai surtout eue à Washington. Ça brasse dans ce coin-là, si vous me pardonner l'expression. C'est pour cette raison que j'ai titré ainsi ce chapitre. Ma «secrétaire» m'a dit que ça faisait trop vulgaire. Je lui ai simplement répondu que c'était la politique qui était vulgaire et sale, pas moi ni surtout la façon de la décrire. Après tout, quand on parle d'un égout, c'est pas mal difficile d'employer des termes poétiques...

D'ailleurs, je ne sais pas pourquoi Madame R. voulait que je sois présente à cette discussion. D'abord, je ne me mêle jamais des questions de finances de la maison. Ensuite, la politique et moi, c'est vraiment deux.

Mais quand Claude est parti, elle m'a versé un scotch et elle m'a dit, d'un air dôlement sérieux:

— Écoute, ma petite, je ne serai pas toujours là, alors j'aime autant avoir une fille régulière connaître un peu comment ça marche..

Celle-là, je la trouvais raide pas mal.

— Vous voulez dire que vous allez lâcher la ligne?

— Lâchez, c'est pas exactement ce que je veux dire. Mais, je commence à être pas mal fatiguée. J'ai assez d'argent pour mener la vie que je veux et je ne suis plus très jeune. Je n'ai pas envie de passer toute ma vie là-dedans à me battre avec tout le monde. J'en ai assez de tous ces problèmes qu'on rencontre quand on veut tenir une «écurie» le moindrement sérieuse. Je ne vends pas de la viande, moi, je ne suis pas une tenancière de bordel, je suis une «Madame».

Je ne la suivais plus très bien. Je ne voyais vraiment pas où elle voulait en venir.

— C'est pour ça, me dit-elle après quelques instants de silence, que je préférerais que d'autres filles prennent en charge certaines activités qui sont plus ou moins régulières. La politique, par exemple, il faut s'en occuper...

— Je ne connais rien en politique, que je lui dis. Et puis moi, lire les journaux...

— Voyons donc, me dit-elle en riant. La politique, tu sauras, ça se traite de la même façon que toutes les autres affaires. Ça commence par les filles et ça finit avec les filles. Sauf qu'il faut s'en occuper parce que, vois-tu, ces individus-là, quand ils sont gros, je veux dire vraiment très gros, ils peuvent nous créer de sérieux embêtements. Te souviens-tu du temps du ministre X... quand on avait eu toutes les misères du monde à ne pas être envoyées en taule pour je ne sais combien d'années? Te souviens-tu de tout l'argent qu'il avait fallu investir pour pas se retrouver derrière les barreaux?

— Ça s'est réglé facilement, il me semble, non?

— Pas si facilement que ça, ma petite. Tout ça nous est tombé sur la noix parce qu'un député que j'avais foutu à la porte a été nommé ministre. Il ne m'aimait pas particulièrement et il a tout fait pour me faire disparaître de la circulation. Ça ne fait quand même pas cinquante ans de ça, pourtant. Dans le temps de Duplessis, je ne dis pas. Le petit dictateur ne faisait qu'à son idée et on n'avait qu'à bien se tenir et à fournir à la caisse, mais maintenant, les choses ont changé... en apparence du moins!

— J'aime mieux la politique américaine... on sait où on s'en va!

— Ici, ne t'en fais pas, c'est la même chose. Remarque bien ce que je vais te dire. Les types en vue ne se mouilleront jamais dans les histoires de filles. Ça leur retomberait sur le nez un peu trop facilement. Mais en bas, les organisateurs, les petits, eux on peut les acheter facilement et ça prend de la boisson, de l'argent et des filles pour les faire changer d'idée. Je ne sais pas combien de fois des votes ont changé de bord rien que parce que des photos avaient été prises au bon moment... C'est comme marcher sur des oeufs, mais si on veut rester en vie dans la business, il ne faut pas avoir peur de marcher dessus. Il faut simplement faire bien attention. Et toi, tu as le *body* voulu pour aller loin dans la ligne. Tu n'es pas bête et puis tu ne fais pas de politique; voilà deux autres atouts pour bien réussir dans la ligne.

En fait, quand je suis revenue chez moi, je n'étais pas

plus avancée et je ne voyais vraiment pas pourquoi Madame R. me racontait toutes ces histoires de politique ancienne. Après tout, pour moi, un client reste un client, qu'il vote rouge, bleu, jaune, mauve ou ce qu'il voudra. Ça ne me fait pas un pli de plus où vous pensez. Mais je ne savais pas que Madame R. suivait ça de tellement près. Après tout, elle devait avoir ses raisons.

Le pire, c'est qu'à partir de ce soir-là, j'ai commencé à recevoir de plus en plus de clients de la part de Claude. Madame R. me disait toujours quand elle me téléphonait pour me donner les heures de rendez-vous: «Attention, tu marches sur des oeufs!» Je trouvais que ça commençait à être pas mal fatigant.

Ça fait quoi... un mois maintenant depuis que j'ai enregistré la conversation que j'avais eue avec Madame R. et ce gars-là et je dois avoir eu au moins une vingtaine d'individus envoyés par Claude. Il n'y avait pourtant pas d'élections dans l'air, même pas au fédéral. Mais Claude m'avait dit, un après-midi que je l'avais rencontré à la Casa Pedro, que ça se préparait de longue main ces affaires-là et qu'il y aurait pas mal de brassage, ça ne serait pas long.

Qui était ce Claude-là? Je n'en savais rien. Il était la discrétion même. Mais les hommes qui me rencontraient et à qui je prodiguais des caresses parfois très spéciales étaient pas mal plus bavards. D'ailleurs, sur l'oreiller, quand tu as une fille comme moi qui se trémousse la chatte sur ton bas-ventre, ça ne peut faire autrement que d'inciter aux confidences. Je suis mieux placée qu'un confesseur, je fais tous les péchés que tu veux bien faire, je ne me contente pas de les absoudre et de te dire de ne pas recommencer.

Il y en a un en particulier qui devait sortir du fond de sa campagne une fois par année seulement. Il était gros, gras et il avait du poil plein les narines. Dieu sait que je n'aime pas ça. Ça sortait par touffes et ça me chatouillait quand il m'embrassait dans le cou. J'ai réussi à apprendre en lui tirant les vers du nez qu'il avait pas mal d'argent et qu'il ne faisait rien d'autre que de s'occuper de contrats du gouvernement. Il était payé pour ce qu'il savait, pas pour ce qu'il faisait, me dit-il. Je ne comprenais rien à son charabia. De toute façon, une fois sur le dos, un bonhomme ressemble à un autre bonhomme. Point de vue professionnel, bien sûr.

La série de clients que Claude m'avait envoyée avait l'air bien ordinaire. Pas de millionnaires dans le tas, pas de députés non plus, mais des travailleurs de la Fonction publique, des secrétaires de députés, des gens comme ça. Je commençais à comprendre. Claude essayait de bâtir des dossiers. En payant, par mon entremise, les confidences des ombres des hommes en vue, il ramassait toutes sortes de petites histoires qui allaient probablement servir dans une campagne électorale ou une histoire du genre. À moins que ces renseignements s'en aillent quelque part, dans les échelons plus élevés de l'organisation et servent ensuite à noircir un bonhomme qu'ils voulaient sortir de la carte. En tout cas, moi, je vous le dis, la politique, c'est rien que de la M... (oui, monsieur, avec une majuscule à part ça!).

J'ai travaillé assez longtemps à Washington pour savoir comment ça marche les lobbies là-bas. Vous savez ce que c'est un lobby? C'est un groupe qui veut pousser le gouvernement à passer les lois pour l'avantager, ou au moins à pas lui faire de mal. Vous imaginez-vous l'argent que les grosses compagnies mettent dans les lobbies pour pas faire adopter toutes sortes de lois qui les empêcheraient de faire encore plus d'argent? Ou pour s'en faire donner? Les contrats du gouvernement, ça rapporte en maudit, pensez-y bien!

J'avais rencontré Jerry dans un cocktail à une ambassade. Bel homme, style avocat ou homme d'affaires, il m'avait pas mal impressionnée. Nous avions commencé une conversation sur un sujet quelconque quand une bonne femme dans la cinquantaine s'était approchée de lui et lui avait murmuré quelque chose à l'oreille. Il s'était excusé en promettant de revenir me voir et il avait disparu avec un groupe qui, visiblement n'était pas au cocktail pour s'amuser

Malheureusement, ça a pris une couple jours avant que je retrouve mon Jerry dans un restaurant chic de la capitale. Il m'avait laissé entendre qu'il savait ce que je faisais et il me dit comme ça qu'il aurait probablement besoin de mes services pour bâcler certaines transactions qu'il avait en tête. Je lui ai demandé de m'expliquer en détail ce qu'il faisait, mais il se contenta de dire qu'il représentait... certains intérêts. C'est drôle, hein? Comme Claude... Ces gars-là sont très discrets. Malheureusement pour eux, leurs clients ne le sont pas tout le temps. Une professionnelle finit toujours par apprendre ce qu'elle veut savoir.

Jerry représentait une grosse entreprise d'électronique qui s'occupait d'armement, entre autres. Et il était question de mettre au rancart un certain système de missiles et alors Jerry faisait des pieds et des mains pour que son client ne perde pas son contrat. Ça a l'air niaiseux, raconté comme ça. Mais je peux vous dire que j'en ai passé des heures dans le lit rien qu'à bichonner des vieux ventrus et à leur faire des minoucheries pour que ce maudit contrat ne soit pas tout simplement jeté à la poubelle. Jerry se montrait d'ailleurs généreux quand venait le temps de me payer mes "honoraires" et si la clientèle n'avait pas été tellement plate, je serais probablement encore là-bas à travailler dans la politique. Mais ça fait un temps. Aussi, vous comprendrez que l'idée de Madame R. ne m'intéressait pas particulièrement. Je ne choisis pas toujours mes clients, mais quand on tombe toujours dans la même talle, alors là je ne marche plus. J'aime la variété, moi. D'autant plus que c'est le même prix. Alors, si je peux me taper un bel homme de temps en temps, je ne suis pas pour me réserver simplement pour une bande de vieux. Non, merci!

La semaine dernière, j'ai eu un autre appel commandé comme ça par Claude. Madame R. me recommande cependant de mettre mes plus beaux atours: «C'est une dame!» me dit-elle. Une lesbienne, que je me dis. Remarquez qu'on en trouve partout. Mais ce n'était pas ça du tout. La dame en question était en effet lesbienne, mais elle était aussi la blonde d'un bonhomme tout en haut de l'échelle. Pas question de faire savoir qu'il avait une blonde et que celle-ci adorait également se faire faire minette par une belle fille. Comment Claude en était venu à le savoir, je ne sais pas. Mais il m'avait expliqué que je n'avais rien de spécial à faire sinon qu'à faire durer la chose le plus longtemps possible. Il se chargeait du reste. Je rigolais. On aurait dit un roman d'espionnage. Est-ce que j'étais pour savoir que ce maudit-là allait tout filmer avec une caméra spécialement équipée?

La fille aimait s'envoyer deux filles à la fois. Elle était du genre voyeuse aussi et un copain était sur les lieux. Nous nous retrouvions donc quatre dans la même pièce. C'était un motel de l'est de la ville. Une belle place, faite exprès pour s'envoyer en l'air. Madame R. m'a donné des instructions précises. Je dois laisser allumée la lampe au-dessus du grand miroir qui se trouve face au lit. Pas compliqué et je me doute qu'il y a quelque chose de pas très catholique derrière ce miroir-là. De toute façon, ce n'est pas mon problème, je suis payée (et grassement payée) pour laisser la lumière allumée et m'amuser avec les deux filles et le copain en question qui, soit dit en passant, n'est vraiment pas piqué des vers.

La partouse qui s'est déroulée ce soir-là ressemblait à bien d'autres que j'ai connues. Rien d'extraordinaire, sinon que la fille, la blonde du «haut placé» était drôlement vicieuse. Elle n'arrêtait pas de demander des trucs spéciaux, comme se faire prendre par en arrière par le type pendant que nous nous mettions deux sur elle. Oui, elle était drôlement cochonne. Je me demandais d'ailleurs comment son ami pouvait faire pour lui donner tout ce qu'elle voulait. C'était probablement parce qu'il en était incapable qu'elle se tapait des petites partouses comme celle-là.

Après ça, si je me souviens bien, il s'est passé environ trois semaines avant que j'aie un autre coup de fil de Claude. Cette fois, il s'agissait d'un petit party entre hommes, des «amis bien placés» qu'il m'a dit. Ce qui, pour moi, voulait dire: le maximum! Le tarif était en conséquence. On n'imagine pas ce que ça peut coûter une fille comme moi quand on lui demande le maximum. Habituellement, je vais chercher un peu plus de deux cents simplement pour une passe qui peut durer, disons une vingtaine de minutes. Alors vous vous faites une petite idée de ce que ça va chercher quand le temps ne compte pas et que je donne le maximum? Évidemment, je n'ai pas de carte de poinçon, mais je ne travaille pas pour des pinottes. Autrement, politique ou pas, haut placés ou pas, ils peuvent toujours aller se branler. Ce n'est pas une vocation cette affaire-là, je n'ai pas fait voeu de pauvreté.

Le party avait lieu un peu avant d'arriver à Trois-Rivières. Une grosse place dans un coin retiré et tranquille. Une espèce de domaine. Je n'ai pas vu grand-chose parce qu'il faisait noir comme chez le diable quand je suis arrivée là. Je n'étais pas seule d'ailleurs, parce que, pour ce genre de party «pour des amis», ça prend toujours une couple de filles. Je n'aurais pas voulu payer la note.

J'avais à peine ouvert la porte, j'étais encore dans le vestibule-antichambre, quand j'aperçois un type adossé au mur, une fille collée sur lui. Celle-ci avait la main entre eux et, de la façon dont elle était écartillée et que sa jupe était remontée autour de ses fesses, je n'avais pas besoin de dessin pour comprendre que le party était déjà commencé. Le bonhomme a tourné la tête quand je suis passée devant lui. Il ne voulait pas que je le voie. Dans le fond, qu'est-ce que ça me fichait? Il serait probablement avec moi, de toute façon, plus tard dans la soirée.

Mais je me trompais, le gars était simplement un garde du corps comme je l'ai appris quelques minutes plus tard. Si les gardes du corps se mettaient à planter les filles à gauche et à droite, nous allions être bien surveillés...!

Dans un grand salon, il y avait à peu près une dizaine d'individus, tous assez âgés, la cinquantaine avancée, et sept ou huit filles à vue de nez. Une table pas très loin offrait tous les drinks imaginables. Il devait y avoir là une centaine de bouteilles. Les types prenaient les choses en riant, ça s'affalait à droite et à gauche, ça buvait ferme. Quand je suis entrée, ils m'ont regardée et j'ai eu droit à quelques sifflements admiratifs pendant que deux filles que je connaissais me faisaient des petits signes de reconnaissance. Il y en avait encore quatre qui allaient arriver d'une minute à l'autre. De fait, j'étais à peine installée près d'un bonhomme qui me tripotait les seins en disant que j'étais pas mal bien prise et qu'il aimerait bien jouer les bébés naissants quand j'entendis un brouhaha dans l'entrée. C'était mes quatre suiveuses qui arrivaient et qui devaient avoir rencontré le garde du corps en train de «garder le corps» de la rousse pivelée qui se collait à lui comme un champignon après un tronc d'arbre.

Le party s'annonçait vivant. Mais avec des hommes comme ça, on ne sait jamais trop de quelle façon ça va tourner. Les filles sont là uniquement pour le cul. Les hommes s'envoient en l'air et puis ça retourne s'asseoir pour continuer à parler de ce qui les intéresse le plus... la politique. Évidemment, les filles n'ont pas à se mêler de la conversation. Ça ressemble à un congrès, mais en plus petit. C'est pour ça que je ne suis pas folle de ce milieu-là.

Politique, politique, politique tout le temps. Tu t'écartilles, le bonhomme se dépêche comme s'il avait peur de manquer un bout de la conversation.

Je ne m'étais pas trompée de beaucoup. Plus tard dans la soirée, cependant, un autre bonhomme est arrivé. Avec deux gardes du corps qui avaient l'air pas mal plus sérieux que celui que j'avais vu dans l'entrée. Tout le monde s'est approché de lui, tous les hommes s'entend, et chacun lui a serré la main. Il n'a pas voulu rester dans le salon avec nous mais, quelques minutes plus tard, un des gardes du corps est venu me prendre par le bras et m'a priée de le suivre à l'étage.

Je ne comprenais pas trop ce qui se passait, mais quand je suis arrivée dans une chambre presque obscure, j'ai compris que quelqu'un m'attendait et que je devais me montrer plus que discrète. Le garde du corps m'a dit: «Tu l'as impressionné. Laisse-moi ton numéro de téléphone... au cas où...!» Je lui ai donné le numéro de Madame R. Les gardes du corps, je m'en méfie. Ils s'imaginent qu'ils sont puissants parce qu'ils passent leur temps avec des hommes pesants. J'ai connu une fille qui avait eu pas mal d'histoires avec un «garde du corps» d'un haut placé, un fonctionnaire pas mal influent. Le garde du corps voulait être son pimp et il se servait de ses connections en politique pour la forcer à marcher au pas. Ça a d'ailleurs paru dans les journaux à une certaine époque, je ne sais pas si vous vous en souvenez. On avait étouffé l'affaire rapidement. Une professionnelle, ça s'«étouffe» rapidement. On ne peut pas permettre de «mouiller» un bonhomme important à cause d'une professionnelle. Vous comprenez? C'est une autre raison pour laquelle j'ai horreur de la politique. On te balance pour n'importe quelle raison. On balance n'importe qui pour garder sa place. La politique, ce n'est rien d'autre que des coups de cochon, et dans le dos de préférence. Du «*me, myself and I*», rien d'autre. C'est pire que les finances en tout cas.

Quand je suis entrée dans la chambre, ça m'a pris une couple de minutes avant de pouvoir faire un pas sans m'enfarger sur les meubles. Le gars ne voulait pas se faire voir, mais j'avais eu le temps de lui voir la face en bas, même s'il avait pris ses précautions pour passer inaperçu. Quand on ne veut pas se faire voir la face quelque part, on n'y va pas. Mais il devait avoir envie d'une petite partie de fesses rapide. Et, de fait, quand j'ai pu finalement voir assez clair pour me rendre jusqu'au lit, il était déjà étendu tout nu sous le drap. Il m'a dit de me déshabiller. Puis, il a pris une lampe de poche et m'a dit de me tenir debout devant lui pendant qu'il m'éclairait. Je vous dispense de ses commentaires, on les entend à tout bout de champ quand on voit une belle fille toute nue.

Il en avait vraiment besoin parce qu'il était déjà en l'air. «Commence par une petite sucette» qu'il me dit. Bon! Et puis, après l'avoir soulagé, je continue quand même. Il est vicieux, ça se voit. Il me rentre les doigts partout, il me mange partout pendant qu'il reprend ses forces. Après, il reste encore sur le dos (c'est un paresseux aussi, dites donc!) et je m'accroupis sur lui. Il me pelote tranquillement tandis que je fais tout le travail et ça lui prend à peu près cinq minutes avant qu'il se mette à gigoter à son tour. Il se redresse, m'agrippe par les hanches, me renverse sur le dos et allons-y, enfants de la patrie...

Il reste là à respirer comme un cardiaque, m'écrasant de tout son poids. Un rayon de lune vient lui éclairer le visage. Il n'a pas l'air de se douter que je lui reconnais la binette bien facilement. Mais je suis la discrétion même. Madame R. le disait, j'étais la fille idéale pour cette job-là, et je fais assez d'argent pour ne pas avoir des tentations... faire chanter un client, par exemple. Ça, c'est la plaie du métier!

«T'es une bonne petite», qu'il m'a dit quand il s'est relevé. Il m'a fait signe de sortir en me demandant de lui envoyer un des gardes du corps, le grand avec une moustache. J'attends dans le couloir tandis que l'autre garde du corps est en train de se nettoyer les dents avec un cure-dents. Le gars a visiblement envie de tâter la marchandise. Je lui souris amicalement, histoire de me faire quelques relations et il s'approche pour me dire «bonjour» quand l'autre sort.

«Tu es son genre, fifille! qu'il me dit et il me tend une enveloppe, en ajoutant: «Un petit extra!»

Je l'ouvre: plusieurs gros billets à l'intérieur. Le garde du corps continue:

«N'oublie surtout pas qu'il ne s'est rien passé, tu entends?»

— Je ne suis pas bavarde. Business-business!

— Parfait comme ça. Il va probablement vouloir te revoir, alors... tiens ça mort!

Toujours par en dessous, rien que par en dessous. Évidemment, je les comprends un peu aussi. Il y a des types dans la finance qui aiment bien se payer une fille de temps en temps, mais comme ils sont mariés et qu'ils contrôlent de gros intérêts, on se rend compte facilement que si leurs penchants venaient à être trop connus, les associés, les épouses, les enfants, bref, tout le monde se mettrait à leur tomber sur la noix. Il n'y a pas que des avantages à avoir son portrait dans le journal à tout bout de champ. C'est pour ça que j'ai toujours eu beaucoup d'admiration pour un gars comme Lenny... Mais je vous en parlerai plus loin!

Quand je suis revenue chez moi, le lendemain matin, je n'avais pas de message sur le répondeur et je me suis dit que j'allais en profiter pour passer deux ou trois jours tranquilles. Faire du shopping, me changer les idées. Je faisais couler l'eau d'un bain quand le téléphone se mit à sonner. C'était encore Madame R.

— Claude m'a téléphoné, ma chérie. Il dit que tu as

fait sensation hier soir.

— J'ai pas fait grand-chose de spécial, vous savez!

— Ça ne fait rien. Avec ces gars-là, pas besoin de faire grand-chose, du moment qu'on fait semblant. La politique, de toute façon, ce n'est rien d'autre que ça, faire semblant! Il dit qu'il va probablement avoir quelqu'un d'assez spécial ce soir... ça t'intéresse?

— Écoutez, madame. Je n'ai même plus le temps pour mes réguliers. Je commence à en avoir par-dessus la tête de ces histoires-là... Et puis je viens tout juste d'arriver et depuis un mois, ça n'a pas dérougi. Je ne suis pas une machine. Combien ça paie?

«Il va y avoir pas mal d'extra. Mais fais celui-là et après je te donne deux semaines de congé. Fais-le pour moi, surtout celui-là. Disons que les autres, même celui d'hier soir, c'était en quelque sorte un test... Mais le gars qui veut t'avoir ce soir est gros, et quand je dis gros, bien gros, tu me comprends?

— On dirait qu'ils sont tous gros ces gars-là. Vous me jurez que c'est le dernier?

— Juré sur la tête de mon garçon...!

— À quelle heure?

— Claude va t'appeler pour te donner tous les détails. Tu te mets sur ton trente-six et il va aller te chercher et te reconduire après. Ça va se passer dans un hôtel du centre-ville, mais il n'y a pas grand monde au courant, pas besoin de te dire de te faire petite.

— Ouais, ouais, j'ai compris... Je vais me déguiser en tapisserie.

Madame R. l'a trouvée drôle. Mais je n'avais pas envie de faire des farces. Je commençais à en avoir ma claque de ces couraillages aux quatre coins de la province et puis, moi, faire l'amour en vitesse dans le noir, c'est pas tellement mon bag. Une fois de temps en temps ça va, mais quand tous tes clients se cachent de tout le monde, tu finis pas avoir la chair de poule toi aussi. Ça s'attrape vite cette manie-là!

Alors je me suis préparée. Douche, sent bon, épilation, coiffure, maquillage, le kit. Quand je me suis regardée dans le miroir, je me trouvais mangeable moi-même, alors vous imaginez l'effet sur un mâle?

Claude m'a téléphoné pour me dire qu'il arrivait me prendre et qu'il m'expliquerait tout en chemin. Ce n'était pas compliqué. Comme d'habitude: tu fais ce qu'il te demande, tu ne poses pas de questions et, s'il est content, gros pourboire après et promesse formelle de «protection». Mais ça, comme je l'ai dit à Claude, je savais que ça ne valait pas de la merde. Si jamais ça se savait, le bonhomme ne se gênerait pas pour se débarrasser de moi comme une vieille peau, même si je passais un bout de temps à l'ombre. Ces gars-là, ils tiennent surtout à leur réputation, même si elle est en réalité pourrie comme une vieille charogne. Ils n'hésiteront pas à se débarrasser de femme, enfants, père et mère, de n'importe qui, pourvu qu'ils puissent continuer à avoir leur position.

À l'hôtel, on est passé par un ascenseur de service. Claude me laissait dans un coin noir, allait surveiller dans le couloir pour voir s'il n'y avait personne et puis me faisait monter à l'étage. Le bonhomme devait réellement être important: il avait tout un étage et c'était barré comme s'il avait été le président d'un quelconque pays.

Quand je suis entrée dans la suite, Claude m'a présentée à un bonhomme dans la soixantaine, cheveux tout gris, l'air joyeux qui me fit le baise-main. J'étais un peu gênée. Ce tralala me met toujours un peu mal à l'aise, je suis habituée à un autre genre de clientèle. Mais je me suis ressaisie et j'ai joué à la princesse si c'est une princesse que ça lui prenait. Il félicita Claude sur son choix et quand celui-ci fut sorti, nous avons pris du champagne tout en parlant de choses et d'autres. Il recommença à m'expliquer que son poste ne l'empêchait pas d'admirer les jolies femmes et que, malheureusement, il devait prendre quelques précautions, qu'il n'avait pas que des amis autour de lui... Plus il parlait, et plus j'essayais de le replacer. J'avais vu cette face-là quelque part, mais où?

Il parlait bien le français, mais il avait un accent qui paraissait assez fort pour certains mots. Tandis qu'il me parlait, il s'approchait de moi et je me collai à mon tour, je passai un bras autour de son cou et il se pencha pour me baiser les seins, du moins ce qui en paraissait à l'air libre. Ses doigts coururent sur mes cuisses, il remonta ma robe tranquillement puis il se redressa et me prit par la main pour me conduire dans la chambre à coucher.

Une fois la porte fermée, il se jeta littéralement sur moi, faillit m'arracher ma robe et j'eus toutes les misères du monde à le calmer et à lui faire comprendre qu'il n'avait pas besoin de déchirer mon linge, que j'allais me déshabiller toute seule comme une grande fille. Il avait une face que j'essayais de replacer, mais ça ne me venait tout simplement pas...

Il en bavait le type quand je me suis débarrassée de ma petite culotte. Je tournai sur moi-même, histoire de lui en mettre plein la vue et il s'est déshabillé à son tour, jetant veston, cravate, chemise, culotte à gauche et à droite. Il s'est jeté sur moi tandis que je riais de le voir se comporter comme un adolescent affamé avec sa première femme.

Il était du genre mangeux! Il aimait se le faire faire et le faire aussi. Je ne déteste pas ça quand un bonhomme n'est pas gêné de goûter les charmes d'une fille comme moi. La majorité n'osent pas le faire parce qu'ils s'imaginent toujours qu'on est rongée par une maladie quelconque. Si c'était vrai, ça se saurait vite et les affaires tomberaient dans le temps de le dire. D'ailleurs, je vois mon gynécologue une fois par semaine et je connais bien les symptômes. Il y a d'ailleurs beaucoup plus de types qui attrapent des maladies avec des filles à vingt piastres qu'avec des filles comme moi. Au prix qu'on charge, on promet de la qualité, pas de la charogne. Et ils ont de la qualité.

Ça m'est déjà arrivé de dire non à un client parce qu'il avait visiblement la chaude-pisse. Évidemment, ça arrive des «accidents».

Finalement, j'ai eu une soirée agréable avec mon bonhomme. Une première passe avec la bouche, on relaxe avec le champagne, le caviar et d'autres trucs semblables, puis on recommence et, encore une autre fois. Finalement, quand il s'est endormi, je me suis levée, j'ai remis mes vêtements et je suis sortie dans le corridor où un type gardait la porte. Il m'a fait signe de rentrer dans l'appartement et, quelques minutes plus tard, Claude est apparu. Il est allé voir si mon client était au repos et ensuite il m'a raccompagnée à mon appartement.

Deux jours plus tard, j'ai reçu de Madame R. un bouquet de trois douzaines de roses avec une enveloppe et mille dollars à l'intérieur et un petit mot... dactylographié. Ces gars-là prennent vraiment leurs précautions. Mais j'ai su qui c'était finalement... quand j'ai vu qu'il y avait un remaniement ministériel à Ottawa... J'ai compris qu'avec la job qu'il avait, il était dans son intérêt de tenir certaines... rencontres très secrètes. Tu parles d'une vie!

Chapitre 12

LA GROSSE FINANCE?
ÇA S'«BRASSE» ENTRE DEUX
DRAPS...

Ça, c'est un domaine que j'aime bien mieux que la politique. Mais n'allez pas croire que les deux ne vont pas ensemble. Ouf! vous devriez voir ça de proche. Moi qui vous parle, j'ai souvent eu l'occasion de «brasser» de grosses affaires, ou du moins si je ne les brassais pas moi-même personnellement, j'étais impliquée dans des... disons des transactions qui impliquaient parfois des millions et des millions. Des fois, je n'en revenais vraiment pas de voir tout cet argent qui changeait de mains simplement parce que j'avais passé une couple d'heures avec un bonhomme. Ce n'était pas tout le temps comme ça, mais c'est ce qui m'a permis de faire mes débuts dans la profession.

J'ai peut-être l'air niaiseuse parce que je ne sais pas m'exprimer comme des intellectuels, mais je suis loin d'être une petite dinde qui sort du fin fond de sa campagne. Je vous en passe un papier. Quand je me suis «établie», je n'avais pas une cenne noire dans mes poches. Je connaissais une fille qui travaillait comme barmaid dans un gros club. Du moins c'est ce qu'elle disait, mais quand je suis allée la voir, je me suis rendu compte qu'elle avait pas mal d'autres occupations et pas mal plus payantes que servir des drinks dans un bar je ne sais pas combien d'heures par jour. Sois belle et tais-toi. Mais Ginette n'était pas le genre à garder sa langue dans sa poche. Primo, elle aimait trop la grosse vie pour rester tranquille à faire une petite job et puis, elle n'était pas farouche pour deux cennes. En fait, ça ne prenait pas un diplôme pour comprendre que cette fille-là allait faire son chemin dans la vie.

Elle m'a fait rencontrer un bonhomme qui travaillait dans les «relations publiques» qu'elle disait. De fait, il était au service d'une très grosse companie de matériel électronique qui avait des filiales dans le monde entier. Ça brassait énormément d'argent cette compagnie-là. Une compagnie japonaise dont j'ai oublié le nom... De toute façon, ça n'a pas d'importance, toutes les grosses compagnies emploient de telles tactiques pour arriver à leurs fins. C'est encore pire que dans la politique sauf que, dans la finance, on sait au moins que c'est la règle du jeu. En politique, c'est tellement plus hypocrite. Dans la finance, on connaît les règles du jeu et on sait à quoi s'en tenir. Tout le monde le fait, comme le dit le slogan, alors fais-le donc.

Le gars en question, Harry qu'il s'appelait, était un gars plein d'idées. Il n'a pas tardé d'ailleurs à faire son chemin dans la compagnie. Il est devenu quelque chose comme vice-président senior en Amérique du Nord et puis il a finalement accepté d'aller travailler en Europe. Oui, un gars bourré d'idées et qui n'hésitait jamais à employer les moyens qu'il fallait pour arriver à ses fins.

Il avait toujours besoin de jolies filles, qu'il disait. C'est pour cette raison que Ginette n'avait pas hésité à me présenter. «Tu es faite pour aller loin, ma petite», me disait-elle tout le temps. J'avais une petite idée de ce que je voulais dans la vie, mais quant aux moyens pour y arriver, disons que je n'étais pas encore tout à fait fixée.

J'ai rencontré Harry chez Ginette. Un gars à l'air cool. On aurait dit un avocat.

— Tu n'es pas farouche? qu'il me dit avant même de me demander mon nom.

— Ça veut dire quoi, ça, ne pas être farouche? que je lui réponds.

— Les relations publiques, explique-t-il, surtout pour une grosse compagnie comme la nôtre, ça veut dire pas mal d'affaires. Pour décrocher un contrat, la concurrence est assez féroce et il faut parfois travailler... toute la nuit, si tu vois ce que je veux dire. On s'imagine souvent que les relations publiques, c'est rien que des conférences de presse, des diapositives, des visites d'usines, mais c'est beaucoup plus que ça... Et surtout, il y a pas mal de travail qui se fait... par en dessous.

J'avoue que j'étais ignorante de ce genre de relations publiques comme il l'expliquait. Ça devait se voir que j'étais pas mal étonnée parce qu'il a continué:

— Par exemple, une compagnie européenne veut acheter du matériel électronique de pointe. Elle n'a pas besoin d'envoyer quelqu'un au Japon pour ça. Elle a des filiales en Europe. Mais admettons que le bonhomme décide de faire un peu de shopping. Il se rend en Amérique du Nord après avoir fait le tour des maisons européennes, pour discuter avec la haute gomme. Nous, ici, nous avons la main haute sur pratiquement toutes les grosses transactions d'Amérique. Aux États-Unis, c'est la grosse usine, mais nous, parce que nous sommes proches de l'Europe, nous faisons le lien entre les deux d'une certaine manière. Alors nous recevons notre bonhomme, nous lui payons ses déplacements jusqu'à l'usine de Milwaukee, puis nous lui faisons faire la tournée des grands ducs, en lui présentant de jolies demoiselles, etc... Parfois, et ça arrive souvent, il suffit que la demoiselle lui plaise particulièrement pour qu'il signe avec notre compagnie plutôt qu'avec une autre. Il arrive aussi que des photos soient prises en secret, histoire de l'empêcher d'aller ailleurs; faire pression en quelque sorte, comme il arrive également qu'on envoie une fille rencontrer des cadres d'autres compagnies, histoire de mettre la main sur des informations qui pourraient nous intéresser. C'est un peu de l'espionnage, mais c'est tellement plus intéressant que de se mêler de politique!

Ça me paraissait tellement «illégal» que je ne puis m'empêcher de le lui faire remarquer. Il partit à rire:

— Ma petite, ne t'en fais pas avec ça. C'est la pratique courante de n'importe quelle compagnie et, dans ce domaine-là, si nous avons inventé quelques... méthodes pas trop catholiques, dis-toi bien que les autres s'en servent eux aussi... C'est ça la concurrence. Tout pour donner le meilleur service aux clients, gros, surtout les gros. Les petits, eux, ils achètent *any way!*

Le salaire était pas mal intéressant pour commencer. Mais si je n'étais pas farouche, je n'étais pas professionnelle, et de loin. C'est pour ça que Harry m'a prise à l'essai pour deux ou trois mois, histoire de voir comment je me débrouillerais. Ginette me prit chez elle pendant ce temps-là, «pour faire mon éducation» qu'elle disait en riant.

À vrai dire, ce n'était peut-être pas ce que j'avais en tête. Moi, je rêvais de cinéma et de devenir un mannequin célèbre, mais les relations publiques, ça me permettrait aussi de rencontrer toutes sortes de gens, de sortir et d'avoir du plaisir et, comme le disait Harry, les heures supplémentaires toujours largement payées. Le chèque de paie à toutes les semaines était là simplement pour donner des... références. Le reste, c'était clair dans mes poches. Et Ginette qui avait l'air tout heureuse que je me dégotte une job comme celle-là en partant. Tu parles!

Bref, pour raccourcir mon histoire, disons que c'est de cette façon que j'ai été amenée à connaître le monde de la grosse finance et quand je dis grosse, je ne parle pas simplement de gros contrats et de gros clients, mais de gros salaires et de grosses commissions. Parce que j'avais droit aussi à des commissions quand le client signait avec la compagnie. Harry disait que c'était tout à fait normal. Tu parles, l'argent rentrait de tous bords, tous côtés.

Mais avant de pouvoir travailler vraiment dans la grosse business, ça m'a pris au moins un an à niaiser dans les bureaux de la compagnie. À vrai dire, je n'avais rien à faire, je n'étais même pas secrétaire et je pouvais tout aussi bien ne pas me présenter que ça n'aurait rien changé. J'avais rien qu'à avertir Harry que je ne voulais pas me montrer la face là-bas et il disait simplement que je travaillais «sur un projet»! Tu parles: payée à ne rien faire. Mais ce n'était pas le bien-être social et s'ils me payaient à ne rien faire pour le moment, il fallait que ça rapporte et pas mal plus que ce qu'il me donnait.

Le premier client que j'ai fait, c'est un type de Toronto qui était venu magasiner au bureau chef du Canada, à Montréal. Il était dans la quarantaine, grand, mince, distingué, mais il ne parlait qu'anglais. Mon anglais n'était pas fameux et Harry m'a fortement conseillé de m'y mettre sérieusement: «L'anglais, qu'il me disait, c'est la langue des affaires... alors fait attention!» Mais le client, lui, ça n'avait pas l'air de le déranger. De toute façon, question langue, je pouvais fort bien me débrouiller sans l'anglais comme j'ai eu l'occasion de le lui montrer ce soir-là.

Nous étions allés manger à «Altitude» puis étions allés sur la rue Crescent pour nous délier les jambes. Ensuite, tandis que Harry nous souhaitait le bonsoir, le type m'avait invitée à prendre un «*night cap*», à sa chambre d'hôtel.

Évidemment, j'ai accepté. J'étais payée pour.

Mais j'avoue que ça me gênait un peu. Surtout quand il s'est mis à me montrer les photos de ses enfants, alors là... Le gars avait du front tout le tour de la tête. Mais pour lui, ça avait l'air tout à fait normal. J'étais une fille d'un soir et ça ne portait pas à conséquences. J'ai d'ailleurs eu le temps de me rendre compte que tous les hommes d'affaires prennent ça comme ça. Une histoire de fesses, ça reste une histoire de fesses et ça ne veut pas dire qu'on est infidèle à sa femme.

Ce fut une nuit plaisante. Il était charmant ce bon-homme-là. Il prenait tout son temps, ne se garrochait pas. Bref, il prenait la vie du bon côté. C'est une autre affaire que j'ai découverte. Si les hommes d'affaires font des maris absolument invivables parce qu'ils sont toujours trop occupés par leurs affaires, ils font des amants pas mal sexés. On dirait que de rencontrer une fille comme ça, en passant, ça les fait relaxer. Je suis bien contente qu'ils se relaxent avec nous autres en tout cas. Lui, il aimait ça voir des belles filles et il se gênait pas pour essayer tout ce qui lui passait par la tête. Je me souviens qu'à trois heures du matin, il a eu envie de prendre un bain. Tous les deux dans la baignoire, nous nous amusions comme des nouveaux mariés à toutes sortes de petits jeux cochons avec les mains toutes savonneuses.

Le lendemain midi, quand Harry est revenu à la chambre du type, l'affaire était bâclée. Je ne me suis rendu compte de rien, mais Harry m'a dit après que ça se voyait clairement dans les yeux du bonhomme. Il m'a donné une tape sur les fesses, m'a dit: «*See you next time around!*» puis est reparti pour Toronto. Je ne l'ai jamais revu. Mais j'ai vite réalisé qu'ils sont tous comme ça. Ça vient, ça vient, ça ne reste pas en place et ça fait la belle vie. Mais je ne voudrais pas avoir leurs problèmes. Parce que, comme le disait Harry, c'est bien beau de leur faire faire la belle vie dans les restaurants, les clubs et dans le lit, mais il fallait que le produit soit là quand même. Mais ça n'était pas mon rayon.

À vrai dire, à cette époque-là, je ne me voyais surtout pas comme une professionnelle. J'étais dans les «relations publiques», même si mes relations étaient plus sexuelles et plus privées que publiques, et je trouvais ça tout à fait normal, surtout que les types que je rencontrais la plupart du temps n'étaient pas désagréables du tout. Quand ils n'étaient pas du monde, je me contentais souvent de les soûler ou de leur faire boire un verre dans lequel j'avais mis une petite *knock-out pill* et les gars faisaient dodo toute la nuit. Le lendemain, il était trop tard pour faire quoi que ce soit et je leur disais qu'ils avaient beaucoup trop bu la veille.

Harry ne disait rien. Il rigolait, et disait que je commençais à pogner les petits trucs du métier.

Pendant ce temps-là, Ginette me poussait dans le dos pour que j'apprenne l'anglais et surtout pour que je lise toutes sortes de livres cochons. «Il faut faire ton éducation, petite!» disait-elle en riant. Elle avait toute une collection de livres cochons et de films pornographiques. Elle était joliment vicieuse et elle entreprit même de m'apprendre tous les secrets des caresses entre femmes.

— À quoi tu veux que ça me serve? que je lui disais.

— On ne sait jamais!

Probablement qu'elle se doutait que mon travail allait devenir ma véritable profession. Moi, je m'amusais tout simplement. Je trouvais ça drôle de voir l'argent rentrer comme ça sans avoir rien d'autre à faire que de sortir avec des hommes et de coucher avec eux. Je n'étais vraiment pas farouche et je ne me prenais surtout pas pour une fille payée pour ça... Disons que, pour coucher, on n'avait pas besoin de me pousser dans le dos bien longtemps. Mais non, à mes yeux, je n'étais certainement pas une professionnelle.

Pourtant, Ginette connaissait son affaire, parce que, pas très longtemps après, Harry m'emmena au bureau pour me présenter une bonne femme à l'air sévère (on aurait dit une ex-religieuse) et qui s'occupait de voir au bon rendement du personnel. Quand je fus seule avec elle dans son bureau, elle se mit à parler de choses et d'autres sans que je voie à quoi elle voulait en venir. Mais quand elle se leva et qu'elle vint se placer derrière moi et que ses mains se posèrent sur mes épaules, je commençai à deviner. Elle se collait les cuisses sur le derrière de ma tête et ses mains ouvraient le veston de mon tailleur. Puis, elle me demanda de me lever et de lui montrer de quelle façon je marchais, d'enlever le veston pour lui faire voir si j'étais bien faite et puis, elle déboutonna ma blouse, bref, elle avait l'air d'une acheteuse.

Le test devint plus «hot» quand elle m'entraîna avec elle sur le divan dans un coin du bureau et là, ses doigts se mirent à me caresser les cuisses. C'était la première fois que je me faisais cruiser par une femme... je veux dire par une femme que je ne connaissais pas. Parce que j'avais déjà eu souvent l'occasion de «pratiquer» avec des filles de mon quartier quand j'étais plus jeune. Mais elle, elle ne prenait pas un non comme réponse. D'ailleurs, elle posait même pas de questions. Ses doigts me caressèrent la chatte par-dessus mes petites culottes et sa bouche se colla sur la mienne. Quand je sentis sa langue dans ma bouche, j'eus une sorte de sursaut. Je ne sais pas... ça me surprenait vraiment de la voir se conduire comme un séducteur. C'était ma première expérience du genre et je ne voulais pas avoir l'air niaiseuse, surtout que Harry m'avait dit qu'un mot suffisait d'elle et je prenais la porte. Aussi, mes doigts se mirent à courir sur sa poitrine, mais elle se releva et me jeta d'un air fâché:

— Vous ferez ce que je vous dis de faire et rien d'autre, s'il vous plaît!

Ah! Bon! Et je l'ai laissée faire. Puis sa bouche se posa sur mes seins, elle ouvrit ma blouse sous laquelle je ne porte pas de soutien-gorge et, dans le temps de le dire, ses doigts plongeant sous ma petite culotte, elle me caressait un mamelon de sa langue pendant que ses doigts me forçaient à ouvrir les cuisses. Je ne peux pas dire que je n'aimais pas ça. Moi, j'aime tout ce qui se rapporte au sexe, alors... Mais c'était différent de tout ce que j'avais connu avant. Elle avait une façon de me caresser, comme si elle me faisait un examen gynécologique en quelque sorte. Ça me faisait froid dans le dos. Mais, tranquillement, sa bouche a commencé à devenir plus douce, plus amoureuse et quand elle me coucha sur le divan et qu'elle se mit à genoux par terre près de moi, je sentais mon sexe se mouiller de plus en plus rapidement. Elle se contenta de rouler ma jupe aux hanches et de m'enlever ma culotte et sa bouche alla alors se coller à mon sexe. Elle aimait ça parce que, même si j'ai eu plusieurs orgasmes, elle se contentait toujours de me dévorer.

Après un certain temps, on aurait dit qu'elle en avait assez. Elle a grimpé sur le fauteuil, s'est assise sur le dossier et a relevé sa jupe sous laquelle elle ne portait rien. Elle a ouvert les jambes en me disant: «Maintenant, montre-moi ce que tu sais faire!»

Ça me gênait vraiment. J'avais l'impression de passer une sorte d'examen. Mais, heureusement, elle m'avait suffisamment excitée pour que je ne fige pas sur place. Aussi, je me suis agenouillée et mes doigts ont commencé à la chatouiller agréablement. Je m'en rendais compte parce qu'elle se plaignait doucement et qu'elle ouvrait les jambes encore plus chaque fois que mes lèvres approchaient de sa chatte. Elle était excessivement poilue, ça lui montait jusqu'au nombril et j'essayais d'écarter tout ce poil pour ne pas en avoir plein la bouche, mais elle, on aurait dit que ça l'excitait de me voir la face dans cette forêt.

Puis, tranquillement, ma langue a trouvé le petit bouton rose et quand je l'ai aspiré entre mes lèvres, alors là, elle est complètement devenue folle. Elle me pressait la tête si fort sur son ventre que j'en avais presque le souffle coupé. Mais elle aimait ça et je me disais que c'était ça l'important. Je l'ai fait venir je ne sais pas combien de fois avant qu'elle me lâche les cheveux et qu'elle se laisse tomber sur le divan, tout écartillée, une odeur de sexe montant de son ventre tout mouillé.

Ce fut tout, rien d'autre. Le soir même, Harry me téléphonait pour me dire que j'avais eu des «bonnes notes»! Ça avait tout l'air que j'allais rester sur la liste de paie de la compagnie. J'ai revu cette bonne femme-là souvent d'ailleurs. Elle était très vicieuse et souvent j'ai fait des séances de photos pornos avec elle et d'autres filles. Elle en avait toute une collection qu'elle gardait précieusement dans le coffre-fort de son bureau ou qu'elle trimbalait dans son attaché-case.

Puis, j'ai eu d'autres clients, surtout de Toronto, avant que, finalement, Harry me dise que j'étais prête pour passer dans les «ligues majeures» comme il disait. Je ne m'étais pas vraiment rendu compte que, bien souvent, les gars qui venaient avec moi étaient des «tests». Je pensais qu'ils étaient vraiment des clients. Harry voulait voir si j'étais capable de tenir ma place et surtout de remplir mon rôle comme il faut. Je devais rapporter à celui-ci tous les détails de nos conversations, histoire de pouvoir profiter des moindres renseignements sur les compagnies adverses ou d'autres renseignements du genre.

Ça a pris quelque chose comme huit mois avant que je sois finalement «prête» comme le disait Harry. Et mon premier vrai client, ce fut un Allemand qui aimait énormément la bière et le schnaps. Nous en avons bu pas mal ce soir-là au Vieux Munich tandis que notre Allemand m'entraînait dans des danses où j'ai failli me faire plus d'une entorse. Essayez donc de danser ça avec des souliers à talons hauts? Un vrai casse-jambe, je vous le jure!

Mais l'Allemand, c'était de la petite bière (!) si je peux dire, parce que c'était un client régulier de la compagnie et qu'on ne risquait pas grand-chose avec lui. Mais comme il méritait une récompense de temps à autre, j'étais la récompense ce soir-là, sans parler de son séjour dont les frais étaient évidemment payés par la compagnie. C'était un bon vivant, pas très exigeant, mais qui adorait se faire manger la saucisse. Il y mettait de la crème fouettée ou du miel et me disait de «prendre des vitamines». Il fallait voir sa grosse face rouge tout illuminée quand je «lunchais» à la crème fouettée. Il aimait ça en maudit. Puis il se couchait sur le dos et s'endormait en ronflant très fort... Ça me faisait des nuits blanches mais, heureusement, il est resté rien que deux jours... J'ai pu me reposer après.

Par la suite, les clients commençaient à rentrer assez régulièrement. Il y a eu plusieurs Allemands, qui n'étaient pas tous comme mon buveur de bière, et des Espagnols, des Suisses, beaucoup de Français et d'Anglais. Mais ceux que je trouvais les plus intéressants venaient en délégation des pays derrière le Rideau de fer.

J'en ai eu quelques-uns, surtout quand il a été question de leur vendre des ordinateurs conçus pour l'industrie du pétrole. C'étaient de très gros contrats et la concurrence était féroce. Je me souviens que, cette année-là, Harry a maigri de je ne sais pas combien de livres. J'ai eu un officiel polonais une fois. Un vrai maniaque. Il n'en revenait tout simplement pas de voir tout ce qu'il se faisait payer et il voulait en profiter au maximum. Il buvait de la Vodka comme de l'eau et il faisait l'amour comme un cosaque. C'était pourtant un type très gentil et très bien élevé, mais il n'était jamais encore sorti de son pays sauf pour quelques petites missions en Europe. D'ailleurs, quand il fut parti, je dus passer pratiquement deux jours à raconter tout ce qu'il m'avait confié. Je me demandais bien à quoi ça pouvait servir parce que toute notre conversation était enregistrée de A à Z! Mais Harry ne voulait pas prendre de chance parce que, disait-il, avec ces communistes-là, on ne sait jamais ce qui peut être important et ce qui l'est pas.

Le plus drôle, c'est que tout ça n'a servi à rien, parce que quand le bonhomme est arrivé à New York, il a demandé à rester aux États-Unis! Il ne voulait plus retourner dans son pays. Harry me disait, en riant, qu'il devait avoir envie de me revoir. C'était peut-être vrai parce j'ai appris que le Polonais avait téléphoné de New York pour que j'aille le rejoindre... Mais, ça ne me regardait plus cette affaire-là.

Il y avait un Italien que j'aimais bien cependant. Lui aussi était envoyé par son gouvernement pour acheter du matériel pour l'industrie du pétrole. Il était habillé comme une carte de mode, mais ne se prenait pas pour un autre. Il m'a d'ailleurs raconté que ses parents étaient très pauvres et que, s'il était arrivé là, c'est qu'il avait travaillé et mangé de la vache enragée. «Aujourd'hui, j'en profite!» disait-il. Et il en profitait. J'ai rarement vu un étalon comme lui. Il n'était pas particulièrement bien pris, mais il en voulait. Il ne se contentait jamais, il voulait toujours recommencer. D'autant plus qu'il était amateur de jolies filles et que je lui plaisais particulièrement. Harry était tout joyeux de voir que le bonhomme m'aimait beaucoup. Je comprends un peu, et j'ai compris encore plus quand j'ai vu le chiffre d'affaires que ça représentait pour la compagnie.

Il pouvait passer toutes ses nuits à me caresser, à me baiser, me manger et quand il était fatigué de me caresser, il me disait de prendre la relève et de continuer. Il voulait mourir «en faisant l'amour», disait-il en riant. En tout cas, il était bien parti pour ça. Un drôle de bonhomme, très amusant. Oui, je l'aimais bien.

Mais, malheureusement, Harry me fait savoir que mes services seraient plus utiles en Europe et on m'envoya à Londres. Là, j'aimais moins ça. Surtout que mon supérieur était, en fait, une supérieure. Qu'elle était jalouse de moi! Et lesbienne en plus. Qu'elle ne supportait pas les hommes. Je ne sais pas comment il se fait qu'elle était dans cette ligne-là. Et je comprenais de plus en plus clairement pourquoi le bureau de Londres faisait de si mauvaises affaires. J'ai fait un rapport détaillé à Harry et, finalement, la bonne femme a été remplacée. Je sais qu'elle m'en voulait à mort et c'est parce qu'elle avait tout raconté à la flicaille que j'ai été obligée de déménager mes pénates ailleurs. Le service a quand même continué, mais avec d'autres faces. En Angleterre, on est très à cheval sur les apparences. On sait fort bien ce qui se passe, du moment que ça ne se sait pas trop. Quand, comme ma supérieure, on commence à jaser un peu trop, on avertit discrètement la compagnie qu'un certain service de ses bureaux devrait être «fermé pour vacances» pendant quelque temps. Le temps d'apaiser les esprits et puis les affaires reprenaient comme d'habitude.

Je ne suis pas restée longtemps à Londres. D'autant plus je ne m'y plaisais pas du tout. Mais j'avais beaucoup de succès. Mon accent français faisait des ravages. Moi, ce qui faisait des ravages, c'était la misère que j'avais à les comprendre. J'ai fini par téléphoner à Harry pour lui demander de me faire transférer ailleurs, même si ça ne dépendait pas de lui... Et c'est pour ça que je me suis retrouvée une première fois à Washington.

Je vous en ai parlé, au sujet de la politique, de cette ville pas mal spéciale. Il se brasse des affaires-là, c'est pas possible. D'autant plus qu'on rencontre des milliardaires à la pelle, des Arabes qui nagent dans le pétrople, des hommes qui viennent de tous les coins du monde pour essayer de grignoter quelque chose du gouvernement américain. Moi, je fréquentais les cocktails, les premières, les grands restaurants, j'étais invitée dans les ambassades, la belle vie, quoi!

C'est pour cette raison que, beaucoup plus tard, quand j'ai été professionnelle à mon compte, je suis allée souvent travailler à Washington. C'est dans le payant rare et une fille peut prendre sa retraite dans pas grand temps si elle sait se placer les pieds.

C'était surtout les Arabes qui étaient intéressants. Ces gars-là (c'est peut-être pour ça que j'ai appris à tellement les détester) étaient très exigeants, mais quand une fille leur faisait plaisir, il ne se gênait pas pour lui donner des pourboires extraordinaires, une rivière de diamants, des fourrures, des autos sports, n'importe quoi. Ils sortaient avec la fille à quelques reprises, la payaient grassement et la foutaient à la porte galamment. Ils voulaient surtout passer pour des princes des Mille et une nuits. Du moment que les gens admiraient les cadeaux qu'ils faisaient, ça les aidait dans leurs relations avec le gouvernement. On ne savait jamais trop trop qu'est-ce qu'ils manigançaient, mais ils avaient tellement d'argent et ils achetaient tellement de choses qu'il fallait faire attention à eux.

J'ai passé un bon bout de temps avec un Arabe qui s'appelait, attendez que ça me revienne... en tout cas, le sheik Ali quelque chose. Il était prince et avait deux cents frères et soeurs. C'est ce qu'on appelle une famille nombreuse! Il avait commandé je ne sais combien de *Cadillac* pour ses douze garçons qui étaient restés là-bas. Ses filles, elles ne comptaient pas à ses yeux. Les femmes, pour eux, c'est simplement une commodité. Comme disait Bill, quand il voulait rire de moi: «Les femmes, ce sont des chameaux créés pour aider l'homme à traverser le désert de la vie!»

Avec lui, ce n'était pas compliqué, je faisais tout.

Quand il prenait son bain, j'étais là pour le savonner, le laver, le parfumer, même le raser. C'était comme ça dans son pays qu'il disait. Mais moi, je le faisais simplement parce que la compagnie voulait que je le fasse, sans ça je lui aurais foutu la savonnette entre les deux fesses, je vous le garantis, D'autant plus que, pour la moindre petite chose, c'étaient des insultes, du chialage. J'en avais par-dessus la tête des Arabes. Mais il me faisait des cadeaux absolument superbes. J'ai reçu pas mal de bijoux de lui et, une fois, nous sommes allés passer deux jours à Monte Carlo dans son jet privé, au casino. C'était une expérience nouvelle pour moi que de pouvoir parier tout l'argent que je voulais. Évidemment, il me surveillait du coin de l'oeil. Mais ça l'amusait. J'ai gagné cinquante mille dollars à la roulette et il m'a permis de les garder. Il était millionnaire de toute façon.

J'ai été pognée dans une histoire de Coréens qui voulaient acheter du matériel militaire. L'électronique était évidemment impliquée dans la transaction et je fréquentais le château de ce bonhomme-là. Sa femme était très belle et j'ai couché deux ou trois fois avec elle. Elle m'a donné de très beaux souvenirs, entre autres un manteau de chinchilla de vingt mille dollars. Elle était malheureuse, la pauvre femme, parce que son mari la détestait. Mais elle était la soeur du président de son pays, alors il n'osait pas trop montrer qu'il n'aimait pas sa femme. C'est pour ça d'ailleurs qu'elle faisait ce qu'elle voulait. Mais cette vie-là, ce n'était pas son genre.

Je me souviens d'elle comme si c'était hier. Elle était toute petite, mais avec des seins parfaits et une taille mince et fine. On aurait dit une petite fille. Elle aimait ça quand je couchais près d'elle et que je passais des heures à la caresser. Sa chatte sentait très bon. À vrai dire, c'est la seule femme dont je peux dire que, de seulement respirer l'odeur de sa chatte, ça me donnait des frissons de désir. On aurait dit un parfum très sensuel et je ne me rassasiais de la caresser. Elle connaissait des tas de trucs et quand elle se roulait sur moi, elle se plaçait de façon à ce que nos clitoris se touchent d'une certaine façon et ça me faisait toujours grimper au plafond. Puis, de sa bouche, elle me fouillait si profondément que parfois je me demandais si elle n'avait pas un serpent à la place de la langue... Je ne suis pas prête de l'oublier celle-là. Malheureusement, le gouvernement s'est mêlé des affaires du bonhomme et comme il y avait des hommes politiques impliqués dans ses transactions, pots-de-vin et tout le tralala avec des confidences sur l'oreiller qui concernaient la sécurité du pays, le FBI s'est mis de la partie et il y a eu une enquête. À ce moment-là, j'ai reçu un appel de mon patron qui me disait de préparer mes valises et que la compagnie m'envoyait en vacances chez moi. Il n'était plus question pour moi de réapparaître sur la liste de paie de la compagnie pour quelque temps. J'ignorais ce qui s'était passé, mais leurs relations publiques commençaient à être un peu trop efficaces, surtout pour une compagnie japonaise.

Alors, j'ai paqueté mes petits et je suis revenue à Montréal. Mais même si ça n'a duré que deux ans, mon expérience du monde de la grosse finance m'a permis de comprendre bien des affaires et surtout d'apprendre des tas de choses qui allaient me servir quand j'allais me lancer à mon compte.

Chapitre 13

ET LES FLICS DANS TOUT ÇA?

Ça fait maintenant un mois que j'ai en mains le texte de ce que j'ai raconté sur enregistreuse à cassettes et maintenant que je lis ça, je me rends compte que ça semble un peu décousu de passer comme ça d'un sujet à un autre. Mais, dans le fond, je ne sais vraiment pas de quelle façon je pourrais décrire ça autrement. Je ne voudrais pas que ça ait l'air simplement d'un roman cochon sans queue ni tête.

J'ai eu toutes sortes d'expériences dans ma vie, surtout depuis que je suis professionnelle, après que j'eus laissé tomber les «relations publiques» et je ne sais pas comment je pourrais m'y prendre pour tout dire, ou au moins relater les aspects les plus intéressants. Ma «secrétaire» me dit que c'est parfait comme ça, mais ça me chicote. C'est d'ailleurs elle qui me suggère de parler de mes relations avec les flics. Le moins possible, que je lui ai répondu en riant.

— Oui, m'a-t-elle dit, mais quand même, tu fais quelque chose d'illégal et, parfois, la police doit certainement t'achaler, non?

Je ne pourrais pas dire grand-chose sur le sujet, tout simplement parce que ça m'est arrivé rarement d'avoir affaire à la police. Je n'ai pas eu affaire à la Moralité en tout cas et je n'ai jamais été obligée de passer du temps à l'ombre. Peut-être parce que j'ai toujours fait partie d'une «écurie» et que les Madames avaient de solides relations. Il faut dire aussi que je ne suis pas du genre à m'afficher en public et à faire clairement voir quel travail je fais.

Vous savez, s'il y a tellement de gens qui parlent des professionnelles, c'est surtout parce qu'il y a des pimps qui viennent tout gâcher et parce qu'il a des mineures dans le lot. Je sais qu'à Montréal il y a quantité de jeunes qui n'ont pas l'âge requis et qui dansent dans les clubs, qui se prostituent pour de la dope, et même des gars, des jeunes garçons, j'en ai déjà vu qui n'ont que onze ou douze ans, et qui se prostituent avec des homosexuels. Mais n'allez pas croire qu'il n'y a pas des bonnes femmes qui n'aiment pas ça se mettre un petit jeune sous la dent de temps en temps. Je pourrais vous parler d'une femme que Myriam connaissait et qui obligeait ses trois enfants à se prostituer. Deux filles et un garçon. Ils avaient quinze, treize et douze ans. Les enfants ne chialaient pas: ils avaient tout l'argent dont ils avaient besoin et puis ils étaient habitués. La bonne femme avait déviergé son garçon et ses filles. Une fameuse vicieuse qui menait la belle vie, avec une grosse bagnole de l'année, des vacances de trois mois dans le sud et qui surveillait sa marmaille sévèrement. Des beaux enfants aussi!

Mais les filles comme moi, celles qui savent tenir leur place et qui ont des clients dans la haute, alors là, c'est plus délicat. Je me souviens, une fois, j'avais été arrêtée par deux flics qui avaient essayé de me pincer. Mais Madame R. avait envoyé un jeune avocat, très brillant d'ailleurs, et il avait démoli la cause des deux gars dans le temps de le dire. Ils m'avaient juré qu'ils me repinceraient. Ils m'avaient suivie pendant une semaine, sans rien trouver, et s'étaient ramassés avec une poursuite pour «harcèlement». Ça les avait tranquillisés. D'autant plus que je ne fais pas le trottoir. Ça ne m'intéresse absolument pas. Je travaille dans les grands hôtels, les clubs chics et ce n'est pas trop apparent mon affaire. J'ai des rabatteurs si on peut dire et j'ai surtout Madame qui est connue dans les bons milieux. Les «bons» milieux, ce sont ceux de l'argent et de la politique. Les deux affaires qui font marcher le monde.

Madame R. en avait long à raconter sur les flics par exemple. Elle a eu une longue carrière et maintenant elle touche presque soixante-cinq ans, elle en a connu de toutes les sortes. Dans le temps du petit directeur, ce qu'elle appelle la Grande Noirceur, elle dépensait beaucoup d'argent pour la caisse électorale du parti et quand elle avait des problèmes avec des zélés ou des gars qui voulaient lui faire la loi, elle n'avait qu'à téléphoner à un certain numéro. C'était dans le temps de la grosse pègre et, même là, elle avait de la protection en haut lieu. D'ailleurs, si je me souviens bien, elle a marié un juif en premières noces, et un avocat ensuite. Le juif devait faire partie de la grosse piastre de Montréal parce que sa maison a toujours marché comme sur des roulettes.

Mais les problèmes sont venus après, après la Grande Noirceur. La Moralité faisait la vie dure à toutes les filles et il y avait les petits pégreux, des «punks», des «bums» qui essayaient de se faire un nom et qui pouvaient tout aussi bien descendre une fille pour un oui ou pour un non. On a eu toutes sortes de minables qui arrivaient des États-Unis, surtout pendant l'Expo, et qui voulaient placer leurs pouliches à Montréal. La concurrence était dure à cette époque-là parce que ça sentait l'argent. Heureusement, c'étaient tous des minables et la police n'a pas eu de misère à nettoyer ça. Mais beaucoup de filles sont restées et ça a augmenté la concurrence sur le marché. Les prix tombaient et les clubs de topless commençaient à marcher à planche. Les danseuses faisaient la gaffe aussi, pour pas trop cher, et on se retrouvait avec des tas de filles sur le marché. C'est pour ça que la flicaille perdait le nord et tapait n'importe où.

Mais aujourd'hui, par exemple, je n'ai pratiquement jamais de problèmes. Tout se fait en douceur. J'ai appris à marcher sur des oeufs et je sais quoi faire pour me sortir des situations délicates. Et puis, plus une fille fait du chemin, plus elle se fait des relations, et plus elle connaît des gens influents qui ne sont pas intéressés à voir une «amie» dans l'eau chaude. Évidemment, si jamais la fille décidait de se mettre à table pour s'éviter des poursuites trop sérieuses, il y en a une maudite gang qui se retrouveraient dans l'eau bouillante et dans leurs petits souliers.

Imaginez un politicien, par exemple, dont le nom serait mentionné par une professionnelle comme moi lors de son procès? Sa réputation vient d'en prendre tout un coup, même si le gars fait tout pour nier les accusations ou les sous-entendus de la fille. Pour éviter ça, ils mettent des gants blancs quand ils se tapent des sorties «par-dessus la clôture», mais ils voient aussi à ce que leurs «favorites» ne soient pas trop embêtées. Quand la fille fait la folle, alors ce n'est pas la police qui se charge de la ramener à l'ordre, mais des «amis», des «gardes du corps» ou des «secrétaires». Ils prennent les moyens qu'il faut. Ça s'est déjà vu à une certaine époque qu'une fille soit invitée à aller faire un tour à la campagne pendant très longtemps et on ne la revoyait jamais.

Les premiers temps que j'ai commencé à travailler avec Harry, il n'y avait vraiment pas de problèmes. J'étais à l'emploi d'une grosse compagnie et comme je ne faisait pas de sollicitation comme telle, je n'avais jamais de problèmes. Après tout, une fille peut bien coucher avec qui elle veut et recevoir des «cadeaux» ou des «commissions» de sa compagnie.

La première fois que j'ai eu des problèmes, je vous l'ai dit, c'est à Londres. Mais à ce niveau-là, ça ne marche pas comme quand une fille fait le trottoir. Moi, j'avais reçu la visite d'un bonhomme de la police de Londres, pas Scotland Yard, mais un département qui relevait directement du ministère des Finances. On m'avait simplement dit que certaines personnes se plaignaient de mon «style de vie» et que je ferais mieux de demander à être transférée dans une autre ville ailleurs qu'en Angleterre. Pas de menaces, rien!

À Washington, pas de problèmes non plus. Sauf que c'était joliment surveillé et je me souviens que, très souvent, les cadres de notre bureau de «relations publiques» recevaient des visites de types discrets qui écoutaient tous les enregistrements de conversation, qui fouillaient tous les livres et qui interrogeaient les filles sur certaines de leurs relations. J'ai passé par là. On me posait toutes sortes de questions, on prenait des notes. Il fallait que je dise tout, absolument tout, même les habitudes sexuelles de mes «amis» et connaissances. Puis ils me disaient de leur rapporter tout ce qui touchait tel ou tel bonhomme ou tel et tel ambassadeur, ou n'importe quoi qui me paraissait louche sinon... j'allais devoir partir. Rien de plus.

Ce n'est qu'avec le Coréen que ça a commencé à sentir mauvais. Très mauvais en fait parce que l'affaire concernait des sénateurs, des membres du Congrès et que ça impliquait directement la sécurité nationale. Une grosse affaire et j'avoue que je me sentais dans mes petits souliers. Mais le FBI ne s'intéressait pas à des filles comme moi, il voulait les gros et, entre autres, le Coréen et sa femme. Il paraît qu'ils avaient donné des centaines de milliers de dollars en «cadeaux» à des représentants du gouvernement. Pourquoi? À vrai dire je n'ai pas trop bien compris, mais, chose certaine, ce n'était pas le temps de poser trop de questions. C'est après ça que je suis partie de Washington et que je suis venue «prendre ma retraite» à Montréal.

Quand j'ai commencé à travailler en indépendante, je ne connaissais pas grand monde dans le milieu à Montréal. J'avais retrouvé Ginette, et Harry avait été transféré je ne sais plus où. Ginette, elle, établissait des contacts par téléphone et elle me poussait dans le dos pour que je fasse la même chose. Ça m'a pris du temps avant de me décider. Surtout que Ginette s'était fait pincer dans une histoire de drogues. Elle voulait faire le paquet et, avec deux Libanais, elle avait acheté un bon stock de coke à Marseille. Du stock direct de Turquie. Malheureusement, le gars qui avait fait le transport était un «narc». Ils ont été piqués pas longtemps après. Ginette a bien failli y laisser sa peau.

Je me suis toujours méfiée de la drogue. C'est drôle, mais la plupart des professionnelles que je connais et qui se sont fait piquer par les flics se faisaient ramasser pour des histoires de drogues. Parce que c'est pas mal dur de pincer une fille pour sollicitation, comme ils disent. Les trois quarts du temps, et même bien plus souvent encore, c'est presque pas prouvable. Et les flics ne sont pas assez nombreux pour monter avec les filles aux appartements pour se déshabiller, leur donner l'argent et les prendre comme ça sur le fait. Ça prend pas mal d'organisation et ils le font avec les filles à vingt piastres, comme je les appelle (elles ne chargent pas vraiment vingt piastres, ne rêvez pas en couleurs, les gars!). Mais moi et les autres filles comme moi qui travaillent par téléphone et pratiquement sur rendez-vous, c'est pas mêlant, nous ne sommes presque jamais achalées. Sauf quand un client a une raison de se plaindre. Mais les clients, habituellement, n'aiment pas beaucoup voir leur nom étalé dans les journaux pour dire qu'ils ont été roulés par une professionnelle.

Ce qui me fait penser qu'un coup cochon que les flics ont imaginé pour couper nos affaires, c'était de publier les noms des clients en même temps que les noms des professionnelles. Il y en avait une maudite gang qui avaient peur de ça comme du feu. Il faut comprendre que la grande majorité des clients sont des gens respectables. Je parle de mes clients, bien sûr. Ça prend du fric pour se payer une fille comme moi. Ceux qui ont du fric ne sont pas intéressés à faire savoir par les journaux qu'ils ont des petites fréquentations avec des filles comme moi, alors ça les a joliment refroidis. Mais heureusement, ça n'a pas marché cette histoire-là.

Comme je vous l'ai dit, moi et les flics, c'est deux. Mais je n'ai jamais eu tellement d'histoires. Je sais qu'ils me connaissent et j'ai déjà eu leur visite, mais en rapport avec d'autres filles. Quand tu ne fais pas la folle et que tu racontes ce qui peut les intéresser, ils te laissent travailler en paix. Moi, je fais mon travail, et si une fille que je connais me fait des confidences sur ses histoires de drogues, je ne suis quand même pas pour aller en taule pour lui faire plaisir. C'est comme ça en politique, en affaires, et pour moi aussi. Chacun pour soi.

Je dois d'ailleurs dire qu'à partir d'un certain niveau social, la justice change aussi. D'ailleurs, je n'ai pas besoin de vous faire un grand discours pour vous dire que si vous avez de l'argent, des relations et les moyens de vous payer une couple d'avocats, vous n'avez pas besoin d'avoir peur de la justice. Mais les petits, ceux qui ne s'y connaissent pas tellement, qui n'ont pas d'argent et surtout pas de relations pesantes, eux ils y goûtent la plupart du temps.

Une professionnelle comme moi, même si ses activités sont en fait illégales, n'a pas grand-chose à craindre. À moins de faire la folle et de s'impliquer dans des trucs vraiment trop dérangeants. Comme la drogue, le chantage, la pornographie et des trucs semblables. Mais je ne suis pas une fille comme ça. Je fais assez d'argent avec mes clients pour ne pas être obligée de me lancer dans des «business» pas catholiques. Je l'ai dit souvent à des filles qui me parlaient de «gros coup» ou d'histoires du genre. J'en ai vu une qui faisait chanter son client, un bonhomme pas mal important dans une grosse banque. Le gars n'a pas tardé à régler son problème. Il n'a pas appelé la police: il ne voulait quand même pas perdre sa réputation. Il a tout simplement téléphoné à certaines de ses relations et la fille a disparu de la circulation. Ils l'ont pas envoyée au fond de la rivière des Prairies comme dans la farce vieille comme le monde, mais elle doit s'être payé un voyage en Amérique du sud pour se faire oublier.

Parce que ce monde-là, ça se tient ensemble. Ils sont obligés de se tenir. Ils ont tous les mêmes petits secrets et c'est jamais bien long que tout se sait. Prenez mes gars en politique. Une fois qu'ils acceptent un «petit cadeau», un petit party avec une fille comme moi, disons, bien qu'est-ce que vous pensez qu'ils peuvent faire ensuite sinon continuer?

C'est pour ça qu'ils sont toujours obligés de se tenir ensemble jusqu'à ce que les niaiseries d'un gars deviennent trop connues des journaux, alors ils s'arrangent pour le balancer et ne pas trop se mouiller.

Comme je vous l'ai dit, c'est pratiquement toujours en rapport avec autre chose qu'une vraie professionnelle se fait ramasser. Dans les histoires de drogues, c'est bien certain qu'à force de fréquenter les clubs et tout ce milieu-là, on finit par connaître des gros dealers, des pushers et des gros acheteurs. Il ne faut donc pas se surprendre quand un type arrive un beau matin, se met à vous faire la cour, vous sort, vous offre toutes sortes de cadeaux et le tralala et vous pose toujours des questions sur vos connaissances. Le gars ne s'intéresse pas à vos activités, mais il veut pincer ceux de vos connaissances qui font de grosses affaires dans la drogue ou la prostitution. Les «Madames» ne sont pas à l'abri de ça. Elles y goûtent quand elles se font pincer. Je me souviens que Madame R. a déjà passé une couple d'années à l'ombre, pas rien que d'un coup, mais à coups de six mois, d'un an avec sursis, des trucs comme ça. Et elle avait de solides relations. Mais quand ça devient trop voyant, il faut y passer.

Moi, je suis trop grosse pour être ramassée sur le trottoir facilement et je suis trop petite pour attirer l'attention quand ils décident de «nettoyer» les maisons. Juste entre les deux. Ça a des avantages.

Et puis, n'allez pas croire que de faire des «faveurs» à quelqu'un dans la flicaille va vous mettre à l'abri des emmerdements. C'est souvent le contraire. J'ai connu une fille qui avait un client régulier qu'était flic. Il la menait par le bout du nez en lui faisant peur. La niaiseuse ne se rendait pas compte qu'elle avait le bon bout du bâton. Elle n'avait qu'à lui dire qu'elle lui ferait perdre sa job si elle le voulait, mais elle avait peur... et il lui mangeait pratiquement tout son argent. Un flic pourri, quand ça se met en tête d'être pimp, ce sont les pires.

Là où je ne me gêne pas pour collaborer avec les flics, c'est quand il s'agit de pimps. Ces gars-là, ils m'écoeurent au superlatif. Dans mon milieu, je n'en ai pas. Il n'y a pratiquement rien que des «Madames» qui sont pas mal raisonnables. Pas toutes, mais la plupart. Mais les filles à vingt piastres, elles sont toujours pognées avec des salauds qui les battent, les volent, les font travailler pour rien. Ceux-là, quand les flics veulent avoir des renseignements, si j'en ai, je vous jure que ça ne me fait pas un pli de les envoyer derrière les barreaux. Ces gars-là, c'est de la merde, rien d'autre... Un de moins, ça ne fait que rendre l'air plus respirable.

Chapitre 14

COMMENT J'AI COMMENCÉ...

Ma «secrétaire» me disait que ça serait bien si je vous racontais un peu ma vie. J'avoue que je ne voyais pas tellement en quoi ça pouvait vous intéresser. Après tout, ce sont les gens que je rencontre, les préférences sexuelles, les aventures que j'ai connues qui doivent être amusantes, pas ma vie à moi. Qu'est-ce que vous voulez que ça foute de savoir que je suis née, comme tout le monde, que j'ai été une petite fille comme tout le monde et toutes sortes de platitudes du genre. Oui, je suis allée dans un couvent avec des soeurs comme maîtresses. C'était pas drôle et heureusement qu'elles ont disparu de la circulation, celles-là. En fait de vaches, on faisait rarement mieux que les religieuses. Toute une bande de jolies frustrées, prenez-en ma parole. Une entre autres dont je me souviendrai toute ma vie et qui aimait bien donner la fessée aux petites filles en les couchant sur ses cuisses et en leur baissant les culottes. Non, je ne suis pas prête de l'oublier. Pour un oui, pour un non, c'était la *strappe* comme elle disait. D'ailleurs, c'était devenu une histoire tellement connue que la supérieure l'avait avertie à plusieurs reprises. Je le savais par mes parents, mon père était commissaire d'école à l'époque et même s'il n'avait pas affaire au couvent, il connaissait assez les religieuses par sa soeur qui en était une pour connaître tout ce qui se passait là-dedans si le coeur lui disait de le savoir. Finalement, la supérieure l'avait envoyée dans un autre couvent. Bon débarras que nous nous étions dit à l'époque. Maudite vieille peau!

Mais ma secrétaire dit que ça vous intéresserait proba-blement de savoir que je suis comme tout le monde. Elle est drôle, elle, et je l'ai invitée à passer une fin de semaine avec moi... mais elle veut pas! Barrée à quarante? Elle va rougir quand elle va entendre ça sur ma cassette que je suis en train d'enregistrer. Mais elle est bien fine.

Bien disons que je vous raconte ma vie simplement pour lui faire plaisir. Elle n'arrête pas de me dire que mon histoire ne serait pas complète sans ça. Okay, allons-y donc!

Mes parents sont vivants, alors j'ose pas trop vous en dire sur mon lieu de naissance et les événements de la famille. Après tout, ils seraient peut-être offusqués d'apprendre que leur «grande fille» réussit trop bien dans la vie. Vous savez, les gens ont de drôles d'idées des fois. Je me souviens que mon père disait toujours à mes frères qu'ils ne devraient pas avoir peur de foncer s'ils voulaient arriver quelque part dans la vie. Moi, j'ai foncé tant et autant, et je sais qu'ils ne m'approuveraient pas. Avec une tante religieuse et un cousin missionnaire, un frère dans le commerce et un autre avocat, tu vois le genre, hein?

Disons que, comme toutes les filles à une certaine époque, j'ai été élevée dans la religion à gros grains. Je suis née dans un petit village pas tellement loin de Québec, mais j'avais trois ans quand mes parents décidèrent de venir s'établir à Montréal, dans l'est de la ville, dans le bout de la rue Pie-IX. J'ai grandi dans ce secteur-là. Ce n'était pas tellement agréable mais, à cet âge-là, on ne choisit pas où on va, n'est-ce pas?

Mes parents avaient la bougeotte et déménageaient souvent. Nous nous sommes promenés d'un bout à l'autre de la ville, en banlieue et, finalement, mon père a eu l'occasion d'acheter une maison rue Hochelaga, toujours dans l'est. Nous sommes restés là pendant pas mal longtemps. J'ai été pensionnaire très jeune, puis je suis allée externe dans un couvent, une école de soeurs. C'est quand j'ai eu fini mon cours que j'ai décidé de laisser tomber et de faire ma vie. À cette époque, l'école pour les filles, ce n'était pas nécessairement une obligation. Les parents étaient encore vieux jeu et je vous jure que ça faisait des flammèches dans la maison quand je m'habillais en hippie pour aller faire un tour aux États-Unis avec des amis.

C'est probablement à cette époque-là que j'ai commencé à me rendre compte que le cul, ça ne servait pas simplement pour faire des enfants. Je n'ai jamais été farouche et même si je prenais pas mal d'expérience rapidement avec mes différents chums, je n'étais pas comme d'autres filles, une marie-couche-toi-là qui faisait n'importe quoi avec n'importe qui. J'avais quand même des exigences.

Mais quand je me suis mise à voyager, dans tous les sens du mot, alors je me suis débarrée un peu. Je fréquentais les petits cafés où les étudiants se retrouvaient et je devenais de plus en plus indépendante. J'allais souvent aux États-Unis, sur le pouce, ou je partais passer l'été dans le sud ou l'hiver à Vancouver. Je vivais comme bien d'autres de l'air du temps. Mais comme j'étais pas mal appétissante et pas farouche du tout, alors je n'avais pas de misère à vivre. Ne vous faites pas d'idées, je ne faisais pas le trottoir. D'ailleurs, à cette époque, les filles étaient tellement débarrées que les gars n'avaient pas besoin de payer pour la couchette. Ils n'avaient qu'à payer la bouffe et c'était tout.

J'ai eu des aventures assez intéressantes à cette époque-là. Je me souviens de mes premières expériences en groupe. C'était à Cape Cod. J'étais descendue là avec une autre fille et un gars. Nous avions été invités par des copains à un party dans un gros chalet de ce coin-là. Il y avait beaucoup de gais et de lesbiennes dans le groupe. Évidemment, c'était leur coin. J'avais couché avec une fille qui arrivait de Suède. Une grande blonde très athlétique qui aimait les petites potelées dans mon genre. C'était vraiment la première fois que je couchais avec une fille que je ne connaissais pas tellement. J'avais souvent eu de petites aventures, surtout avec des copines du couvent. Je ne sais pas pourquoi, mais on dirait que les couvents, ça pousse au lesbianisme. Allez donc comprendre ça. Peut-être parce qu'il y a beaucoup de soeurs qui sont lesbiennes, sans vouloir l'admettre, bien sûr. Aie, elles tomberaient raides mortes si elles se voyaient vraiment comme elles sont.

Nous avions fumé pas mal, j'avais trippé sur du buvard et, finalement, quand je m'étais réveillée, j'avais deux gars dans mon lit et j'étais tellement «collée» que je ne me faisais pas d'illusions sur ce que j'avais fait avec eux. J'en avais jusque dans les cheveux et je me sentais courbaturée comme si j'avais fait l'amour pendant deux jours.

En fait, c'est vraiment ce qui s'était passé. J'étais rentrée dans le chalet le jeudi soir et je ne m'étais «réveillée» que le mardi après-midi. Je ne me souvenais presque pas de ce qui s'était passé. Ça m'a pris trois jours à me remettre de ce premier party de groupe. Mais je regrettais surtout de ne pas me rappeler grand-chose. J'ai voulu recommencer. Mais les amis partaient le soir même et descendaient à Greenwich Village à New York. Alors je suis descendue avec eux dans un vieil autobus scolaire retapé et peinturé de toutes sortes de couleurs, comme un arc-en-ciel. Nous étions fous à cette époque-là, mais, dans le fond, je me dis que ce furent les plus belles années de ma vie. Pas d'argent, pas de problèmes, rien sinon que baiser, flyer, n'importe quoi pour avoir du fun.

À Greenwich Village, j'ai rencontré toutes sortes de monde. Des Hell's Angels qui se promenaient de la Californie à New York, des «lez» de tous les genres, les butchs, les dykes, les femmes, des homos efféminés, des amateurs de la cuirette, des travestis, et une fois, je me souviens que dans un petit café nous avions fait l'amour à une femme qui s'était fait changer de sexe. C'était pas mal trippant. Elle était vraiment capable de faire l'amour. Ne me demandez pas comment ça se fait... J'ai déjà vu des gars planter un travesti qui s'était fait changer en femme.

De cette époque-là, j'ai retenu une chose: il n'y a pas à avoir honte de ce qu'on fait quand on aime ça. Mais je commençais à trouver ça dur de voyager d'une place à l'autre, de pas savoir si j'allais manger le soir et pis la drogue commençait à me taper sur les nerfs. J'en ai connu beaucoup qui finissaient à l'hôpital quand ce n'était pas à la morgue ou à l'asile. Lavés par un «bad trip» ou une «overdose». Les piqûres, je n'étais pas forte là-dessus, mais quand tu n'avais rien d'autre à t'envoyer, alors tu te piquais au beurre de pinottes ou à la mayonnaise. J'aimais bien le «cristal» mais mon meilleur trip, c'était le STP. Pas mal le fun.

J'ai passé deux ans à New York à végéter. Puis, quand j'en ai eu assez, je suis revenue à Montréal. C'était pratiquement dans les années avant l'Expo, deux ans avant si je me souviens bien. De toute façon, moi, les dates, j'oublie toujours ça. J'oublie même mon anniversaire de naissance. Pour l'importante que ça peut avoir!

Mes parents me regardaient d'un drôle d'air. Mais je n'étais pas revenue pour aller vivre chez eux. J'en avais trop vu pour rentrer sagement à la maison et me mettre à vivre dans la religion à gros grains de mes parents, vous pensez bien! Et eux, ils n'étaient pas fâchés de voir que je voulais aller vivre toute seule en appartement. Le problème, c'est que je n'avais pas de métier. Je ne savais rien faire, sauf m'amuser.

Le plus drôle, c'est que j'ai su par mon frère, l'avocat, que Ginette, une fille qu'on connaissait bien, faisait de l'argent comme de l'eau en travaillant comme barmaid. Il ne se doutait pas que son argent, la belle Ginette, le faisait pas comme barmaid, mais comme professionnelle, comme fille de gaffe. Et moi je me suis dit qu'avec les touristes qui allaient venir à Montréal, l'argent allait couler comme de l'eau et il fallait en profiter.

C'est à ce moment-là que je suis allée voir Ginette. Ça faisait pratiquement trois ans que j'étais disparue de Montréal et je faisais ma rentrée en quelque sorte. Ginette m'a fait rencontrer Harry, Ça, je vous l'ai raconté dans un autre chapitre.

Ginette était bien fine. Et puis elle m'aimait. Quand elle a voulu m'apprendre les trucs du métier avec une autre femme, j'ai compris qu'elle m'aimait bien pour la peau. Ce n'était pas la première fois que je la voyais entrer dans la salle de bains pendant que je prenais ma douche et elle s'offrait souvent pour me frotter le dos. Mais elle n'insistait jamais. Elle savait que son heure allait venir. Et puis, elle avait des tas de copines avec qui s'envoyer en l'air les fins de semaine et quand elle en avait envie.

Avec Harry, par exemple, ce fut différent. Il me plaisait bien et le premier soir qu'il est venu à l'appartement de Ginette, elle a couché avec lui. Puis ma Ginette vient me trouver dans ma chambre et elle me dit comme ça: «Il a l'air de te plaire, Harry, alors si le coeur t'en dit...!»

J'étais à moitié endormie, mais ça m'a fait plaisir de voir que Ginette n'était pas du type jalouse... Je ne savais pas encore que la jalousie n'était pas tellement recommandée dans son métier. Alors la petite hippie qui voulait faire de l'argent comme de l'eau est allée retrouver le beau Harry dans le lit de Ginette. Elle, elle s'est couchée au bord du lit, se contentant de me caresser pendant que je m'étais accroupie sur Harry. J'ai bien aimé cette première expérience à trois avec eux. Mais Harry était trop porté sur la business pour continuer une relation comme celle-là. Il disait qu'il fallait que je comprenne qu'il ne pouvait pas s'impliquer avec ses employées. Parce que c'est à ce moment-là qu'il avait accepté de me prendre à l'essai dans le département des «relations publiques».

Ginette a été bien fine pour moi. Elle m'a tout montré et c'est à ce moment-là que j'ai compris que ses activités de barmaid n'étaient rien qu'une couverture pour autre chose. C'est d'ailleurs à cette époque-là qu'elle s'est mise à travailler par téléphone. Moi, je suis restée chez elle encore une couple de mois et comme elle commençait à recevoir pas mal à domicile, je me suis trouvée une autre place. L'argent rentrait. Mais je n'en avais quand même pas assez. Harry me disait toujours de ne pas m'énerver, que ça viendrait assez vite et que j'en aurais tellement que je saurais pas quoi en faire.

Pendant plus de deux ans, ce furent Montréal, Londres, Wahsington et puis Montréal à nouveau après l'histoire du Coréen. À Montréal, cependant, j'étais presque brûlée dans les «relations publiques», avec la compagnie, bien sûr, et je me demandais ce que j'allais faire quand la belle Ginette, encore elle, me demanda de travailler avec elle. J'avais fait mes classes un peu partout, j'étais une maudite belle fille et elle, elle avait assez de clients pour nous fournir toutes les deux. Elle prenait de l'âge la Ginette et je me suis rendu compte qu'elle se droguait aussi. Son histoire avec les Libanais est arrivée un an plus tard. C'est dommage parce que toutes les deux, nous aurions pu nous monter une maudite bonne business.

J'ai commencé à travailler sur rendez-vous. Je ne connaissais pas grand monde encore dans le milieu de la grosse gaffe en ville et, petit à petit, Ginette me faisait rencontrer du monde important. Elle me faisait découvrir tout un côté de Montréal que je ne connaissais pratiquement pas. Heureusement que mes expériences à Londres et à Washington m'aidaient énormément. Mais ce n'était pas le même genre de monde, vous pensez bien! Londres, c'était le monde de la grosse finance et Washington, c'était surtout des histoires de politique.

Puis, quand Ginette s'est fait pincer dans son histoire de drogues, je suis retournée à Washington, mais pour un avocat spécialisé dans le lobbying. Je n'ai pas eu de chance et j'ai encore été «brûlée» dans une histoire pas catholique. Le FBI qui m'avait à l'oeil m'avait fait comprendre qu'on ne voulait pas me voir aux États-Unis, professionnellement bien entendu.

Alors je suis retournée à Montréal, j'ai pris une couple de mois pour essayer de me faire une situation et c'est alors que j'ai rencontré Madame J., ma première. Elle avait pris ses renseignements auprès des «ex» de Ginette et elle savait que je faisais du bon travail. Et puis le fait que j'avais travaillé pour une grosse compagnie à Londres et Washington, je crois que ça l'impressionnait. Elle me prenait pour une fille de classe internationale. Je ne voyais pas les choses de cette façon-là, mais disons que ça faisait pas mon mal mon affaire de voir que ça l'impressionnait tant que ça. C'était alors un peu après le début des années soixante-dix. Je commençais à prendre de l'expérience et l'argent rentrait pas mal. J'ai décidé de m'établir à Montréal et je me suis entendue avec Madame pour travailler en indépendante en même temps que dans son écurie. Je ne voulais pas rester en dedans. Moi, encabanée à recevoir des clients, ça ne m'intéressait pas particulièrement. J'avais peur des flics à ce moment-là, d'autant plus que j'avais eu trop d'expériences avec eux et je ne voulais pas être enfermée ou foutue à la porte de la ville. Je voulais rester à Montréal, alors je ne me faisais pas voir.

J'ai été chanceuse, j'ai eu le nez fin, parce que la maison de Madame a été fermée et, après ça, les activités ont été assez tranquilles pendant une couple de mois. Il y avait bien du brassage de politique, l'armée s'en était mêlée à une certaine époque et on aurait dit que tout le monde paniquait d'une certaine manière. Il y avait eu de gros changements dans le milieu de la gaffe et certains de New York avaient essayé de tout contrôler. Puis il y avait des petites gangs de la place qui faisaient du trouble, qui voulaient contrôler tout le milieu. De la vraie merde!

C'est en 76, si je me souviens bien, que j'ai été approchée par Madame R... Elle arrivait de Toronto où elle était allée se faire oublier un bout de temps et elle voulait établir une maison solide en ville. Elle me connaissait. Dans ce milieu-là, la plupart des vraies se connaissent. Je ne parle pas des filles qui font le trottoir. Celles-là, elles apparaissent et disparaissent tellement vite qu'on n'a pas le temps de connaître leur nom qu'elles sont déjà déménagées ou «autre chose»!

J'ai accepté les conditions de Madame R. Je continuais à travailler en indépendante si ça me chantait, mais je donnais la priorité à ses clients. Elle gardait un pourcentage raisonnable et, en échange, j'étais assurée d'avoir de la protection en cas de besoin et surtout assez d'ouvrage pour me faire une revenu plus que confortable.

Vous voyez que ma vie, dans le fond, n'a rien d'extraordinaire comme telle. Ce n'est pas ce qui se passe jour après jour qui est important, je vous l'ai dit, c'est le monde qu'on rencontre, les expériences qu'on fait... et j'espère bien que ce n'est pas fini!

Chapitre 15

...ET COMMENT
ÇA VA FINIR...!

Quand ma «secrétaire» a eu fini de taper tout ce que vous venez de lire, elle a eu une drôle de question: «...Es-tu capable de me dire comment ça va finir?» Tu parles d'une question. Je ne suis quand même pas une voyante. Finir, non, vraiment je ne sais pas.

Pourtant, quand j'ai relu tout ce que j'avais dicté, je me suis rendu compte que c'était vrai, on voyait se dessiner une sorte de ligne, peut-être pas droite, mais qui allait quand même dans une certaine direction. Et savez-vous ce qui m'a mis la puce à l'oreille? C'est quand Madame R. a commencé à m'inviter chez elle pour «discuter» de choses et d'autres. Il faut vous dire que je suis la plus vieille des filles de son écurie et celle qui a eu le plus d'expériences aussi. Ça m'avait fait tiquer quand elle avait voulu me mêler à ses histoires de politique. Surtout avec le beau Claude. Pas beau physiquement, mais «beau» comme quand on dit de quelqu'un que c'en est un beau... On sous-entend toujours quelque chose... *Any way!*

Je n'avais pas porté attention à tout ça et je n'y avais pas pensé plus longtemps parce que, je vous l'ai dit, moi les affaires de politique, ça ne m'intéresse pas une miette. Je n'aime pas me mêler de ces histoires-là, on sait jamais où on va se retrouver. J'en ai eu l'expérience aux États-Unis. Alors, je n'aimerais pas me retrouver dans la même situation. Je suis bien ici, à Montréal, et je n'ai pas l'intention d'être obligée de déménager encore une fois.

Et tout à coup si Madame R. me mêlait à ses histoires personnelles parce qu'elle voudrait que je prenne la relève? Je me souviens maintenant de petites phrases qui avaient l'air niaiseuses sur le coup, mais en y réfléchissant bien... J'ai voulu en avoir le coeur net et j'en ai parlé à Corinne et à Nini, histoire de voir si elle leur faisait aussi des confidences de ce genre. Non qu'elles m'ont dit.

Alors, pourquoi à moi seulement? J'ai téléphoné aussi à Sylvain. Il est encore en amour par-dessus la tête avec moi et je n'ai pas besoin de lui parler bien longtemps pour le voir tomber à genoux et me baiser le dessous des semelles. Un vrai bébé. Est-ce que ça serait à cause de lui et de la façon que je le traite que Madame R. m'a à la bonne place? Je ne pourrais pas dire, mais Sylvain m'affirmé que Madame R. a parlé de vendre sa résidence de Montréal et d'aller passer de plus en plus de temps dans son condo de Miami. Elle veut aussi s'acheter une maison à Paris ou en banlieue de Paris.

Il n'y a pas de fumée sans feu, comme on dit habituellement. Mais c'est drôle, maintenant que je me mets à y penser, il me revient des tas de petites remarques que Madame R. me faisait. Tenez, pas plus longtemps qu'à son party d'anniversaire, quand elle disait qu'elle était trop vieille, que ce n'était plus de son temps de rester avec des petites jeunes et les regarder faire leurs petits trucs cochons.

Oui, ça me revient maintenant. Elle aurait peut-être l'intention de me donner la relève? Ça serait en plein dans son genre de prendre des vacances indéfinies quelque part pendant qu'une fille de confiance continue à s'occuper de la maison en son nom et peut-être même la racheter? Parce que Madame R. a les reins solides. Sa business, ça lui a pris du temps à la monter et je sais qu'elle a mis beaucoup de temps et d'argent pour faire pas mal de revenus avec. Je ne pense pas qu'elle laisserait tomber ça comme ça parce qu'elle se trouve trop vieille. Par contre, ça doit user de passer son temps à voir à ce que tout marche comme il faut avec une douzaine de filles dans une écurie.

Mais je me demande sérieusement si j'aimerais ça me retrouver Madame. Je ne m'appelle pas Xaviera même si parfois ce qu'elle raconte est pas mal charrié. On dirait qu'elle a passé sa vie dans la soie et le satin. Des filles comme ça, je trouve que ça ne vaut pas cher. Any way...! Est-ce que ça me tenterait? Je ne sais vraiment pas. On verra bien. Madame R. n'est pas encore à la veille de prendre sa retraite. Du moins je ne le pense pas. Dans le temps comme dans le temps. Quand on sera rendu au pont, on le traversera, ça ne sert à rien de se casser les méninges avant.

Mais une chose que je sais, par exemple, c'est que je n'ai pas l'intention de faire ça toute ma vie. Je ne veux pas dire que je m'arrêterai complètement, mais dans cette ligne-là, une fille défraîchit plus vite qu'autrement et il ne faut pas qu'elle se fasse d'illusions. Les clients se fatiguent de la même face et puis il y a tellement de jeunes qui montent que ça devient difficile de supporter la concurrence. Il faut être réaliste. Moi, depuis le temps que je suis dans la ligne, je pense qu'il me reste encore une couple de bonnes années, cinq ans au maximum. Après ça, ça va être les opérations de remontage de visage, de rembourrage de nichons, les varices, la cellulite qui commence à apparaître pas mal trop... J'allais être trop vieille pour continuer à fournir des tas de clients. Ils vont vouloir avoir de la chair fraîche. Ils les aiment de plus en plus jeunes de nos jours. Pas plus tard que la semaine dernière, j'ai encore pogné un truc à trois avec un vieux vicieux et une petite jeune. Elle dansait dans les clubs depuis trois mois la petite et je vous garantis qu'elle avait tout juste quatorze ans. Elle était bien faite, mais elle avait la chatte tellement étroite que ça ne devait pas avoir été ramoné bien souvent. Pauvre petite chatte, que je me disais, j'avais presque envie de l'inviter chez moi, histoire d'en savoir plus long.

Mais ça m'a donné un coup de vieux. Quand on commence à prendre en pitié les petites jeunes sur le marché, c'est peut-être parce qu'on en a trop vu. On n'a plus le mordant qu'il faut pour rester en ligne. Je ne m'en fais pas, de toute façon, parce que même en ne travaillant pas, j'ai réussi à faire assez de «placements» pour que ça me rapporte pendant longtemps. On ne travaille pas dans le cul pendant des années sans acheter un club ou deux. La boisson et les filles, ce sont les valeurs les meilleures qui soient. Pas de problèmes. On ne crèvera jamais de faim dans cette ligne-là!

Ma secrétaire n'aurait jamais dû me poser cette question-là. Ça me fait me sentir vieille tout d'un coup. Comme si j'avais cent ans.

Bien sûr, je fais des rêves comme tout le monde. Mais ne vous faites pas d'idées. Je n'ai pas envie de me grayer d'un «caniche» que je vais traîner partout et faire vivre. Je n'ai pas envie de m'accrocher un mac qui me sucerait tout mon argent et qui s'enverrait mes copines dans mon lit. Des mâles, j'en ai tant que je veux, alors je n'ai pas envie d'en avoir un à domicile.

Peut-être que j'irais rester sur la Côte d'Azur. J'ai toujours aimé ça ce coin-là. Il y a des tas de mecs dans ce coin-là, presque tous des dragueurs, mais des mecs pas pire qui peuvent vous faire passer une couple d'heures de plaisir. Et puis, ça ne manque pas de petites chattes succulentes. Je ne déteste pas me taper des chattes de temps à autre. Pour moi, j'ai eu trop de queues dans ma vie, maintenant ça me prend de la chatte. C'est peut-être ça qui va arriver. Je vais me faire un petit harem de copines. Ça serait drôle, ça.

Une chose est certaine, je marche encore et toujours sur des oeufs. Je ne veux pas faire de trouble, surtout maintenant que je commence à penser à la retraite. Une retraite dorée avec tout ce qu'il faut pour me contenter... On verra bien!

Table des matières

ACHEVÉ   D'IMPRIMER
EN   NOVEMBRE   1982
SUR   LES   PRESSES   DE
PAYETTE   &   SIMMS   INC.
À SAINT-LAMBERT, P.Q.